성인지 예산 제도화와
양성평등

성인지 예산 제도화와
양성평등

| 홍희정 지음

책머리에*

　이 책의 목적은 성인지 예산의 제도화는 양성평등에 기여하는가에 대해서 알아보는 것이다.

　이를 알아보기 위하여 일반화된 제도화 유형의 틀을 기초로 성인지 예산의 제도화 과정에 대해서 살펴보았으며, 거시 데이터를 활용하여 세계 최초로 성인지 예산의 제도화가 양성평등에 미치는 영향에 대하여 실증 분석을 실시하였다. 이는 그동안 성인지 예산 관련 연구에서 한 번도 시도된 적이 없다는 점에서 그 의의가 크다고 볼 수 있다.

　체계적인 연구를 위하여 성인지 예산의 형식적 제도화와 질적 제도화를 구분하였다. 형식적 제도화는 성인지 예산이 법률적·절차적으로 형식적 기반을 갖추고 있는 경우로 정의하였으며, 성인지 예산 제도를 도입하여 시행하고 있는가를 기준으로 구분하였다. 질적 제도화는 성인지 예산의 제도화 수준에 따라 1단계부터 4단계까지 나누어, 형식적 제도화보다 세분화해 분석하였다. 이는 각 단계에 따라

---

* 이 책은 홍희정(2015)의 박사학위논문을 수정·보완하였습니다.

양성평등에 미치는 영향이 다를 것이라고 가정했기 때문이다. 0단계는 성인지 예산을 시행하지 않는 단계이고, 1단계에서 3단계까지는 성인지 예산을 시행하지만 법에 근거하지 않는 단계, 마지막 4단계는 가장 높은 단계로 성인지 예산이 관련법에 근거하여 성인지 예산제도로써 운영되는 단계이다.

그리고 이 연구에서는 성인지 예산의 시행주체(국가, 시민단체, 국제기구)를 구분하여 성인지 예산의 제도화가 양성평등에 미치는 영향이 어떻게 다른지도 살펴보았다.

이 연구의 분석대상은 전 세계 229개 국가 중에서 성인지 예산제도를 도입하여 시행하는 34개 국가를 포함하여, 성인지 예산을 시행하고 있는 국가 73개국이다. 연구 분석 방법은 패널 데이터의 특성을 고려하여 패널 분석 방법인 고정효과 모형을 활용하였다.

분석결과, 성인지 예산의 형식적 제도화는 양성평등에 긍정적인 영향을 미치는 것으로 나타났다. 따라서 표면적이라고 하더라도 성인지 예산제도를 도입하여 운영하는 것이 성인지 예산을 시행하는 것보다 더 효과적이라고 할 수 있다. 성인지 예산의 질적 제도화는 가장 높은 4단계를 기준으로 했을 때, 2단계와 3단계가 통계적으로 유의미한 영향을 미치는 것으로 나타났다. 따라서 성인지 예산의 제도화 수준이 높을수록 양성평등에 더 긍정적인 영향을 미친다고 할 수 있다.

다음으로 성인지 예산의 시행주체를 구분하여 살펴보았을 때, 형식적 제도화는 정부와 국제기구가 주도하는 경우 양성평등에 긍정적인 영향을 미치는 것으로 나타나 시행주체가 정책 영역에서 영향력을 발휘할 수 있을 때 양성평등 향상에 효과적이라는 사실을 알 수 있었다.

질적 제도화는 정부 주도 국가에서만 2단계와 3단계에서 유의미한 영향을 미치는 것으로 나타났다.

반면, 시민단체 주도 국가는 오히려 성인지 예산제도를 도입하지 않은 국가가 양성평등에 더 긍정적인 영향을 미치는 것으로 나타났다. 이는 성인지 예산을 직접 시행하는 정부의 의지가 미약하거나 관리가 소홀했기 때문인 것으로 파악된다. 즉, 성인지 예산제도를 도입했지만, 정부 밖에서 활동할 때보다 오히려 소극적으로 제도를 도입하여 운영했기 때문에 그 효과가 반감된 것으로 판단된다.

국제기구 주도 국가의 경우 선행연구에서 알 수 있듯, 제도 도입 자체가 양성평등 향상을 위한 것이 아니라, 국제기구의 기술적·재정적 지원을 받기 위해서 성인지 예산제도를 도입하였다. 따라서 성과점검이나 모니터링 등 질적 관리가 전혀 이루어지지 않았던 것으로 판단된다. 이로 인해 제도의 본래 목적인 양성평등 향상에 긍정적인 영향을 미치지 못한 것으로 생각한다.

이러한 분석결과를 통해 성인지 예산의 제도화는 양성평등에 기여한다고 볼 수 있지만, 엄밀하게 형식적인 측면에서는 양성평등에 기여한다고 판단할 수 있으며, 질적인 측면에서는 개선과 보완이 필요하다고 할 수 있다.

분석 결과를 바탕으로 다음과 같은 정책적 시사점을 도출할 수 있다.

첫째, 성인지 예산은 말이나 문서와 같은 수사적인 행위로 머무르는 것이 아니라 제도로써 도입되어 운영될 필요가 있다. 이는 표면적이라고 하더라도 성인지 예산을 시행하는 것보다 성인지 예산제도를 도입하여 운영하는 것이 양성평등에 더 효과적이라는 연구 결과에 근거한다.

둘째, 성인지 예산의 제도화 수준이 높을수록 양성평등에 더 긍정적인 영향을 미친다는 연구 결과를 통해 양성평등을 향상시키기 위해서는 성인지 예산의 제도화 수준을 높이기 위해 노력해야 할 것이다. 그리고 이와 더불어 질적 내실화를 위해 철저한 성과점검과 모니터링을 실시할 필요가 있으며, 장기적인 관점에서 재정 시스템 개혁을 통한 정책변화를 추진할 수 있도록 선진국의 사례를 벤치마킹할 필요가 있다.

셋째, 성인지 예산의 시행주체가 정부일 때 양성평등에 긍정적인 영향을 미친다는 것을 확인하였다. 이는 실제 정책을 집행하는 정부의 의지가 양성평등 향상에 영향을 미친다고 판단할 수 있다. 따라서 성인지 예산제도를 운영함에 있어 정부의 적극적인 관심과 정책담당자의 의지가 매우 중요하고 할 수 있다.

목차

표 목차

그림 목차

제1장 양성평등 정책의 첫걸음, 성인지 예산

1. 연구배경과 목적

최근 정부는 권위 있는 국제회의에서 성인지(性認知) 예산제도의 중요성에 대해서 강조하고, 한국 정부는 성인지 예산제도의 내실화를 위해 지속적으로 노력할 것을 밝힌 바 있다.[2] 행정 각부의 장이 국제회의에서 양성평등과 관련하여 구체적으로 우리나라의 정책 사례를 소개한 것은 매우 고무적인 일이다.

국제회의에서 거론된 성인지 예산제도는 예산편성과 집행과정에서 남녀에게 미치는 효과를 고려하여 남녀 차별 없이 평등하게 혜택을 받을 수 있도록 하는 제도로써 우리나라는 국가재정법[3]에 의거하여 2010년부터 시행하고 있다(기획재정부, 2010; 조선주, 2012;

---

[2] http://blog.daum.net/moge-family/7339

[3] 국가재정법 제26조(성인지 예산서의 작성) ① 정부는 예산이 여성과 남성에게 미칠 영향을 미리 분석한 보고서(이하 "성인지 예산서"라 한다)를 작성하여야 한다. ② 성인지 예산서에는 성평등 기대효과, 성과목표, 성별 수혜분석 등을 포함하여야 한다. <신설 2010.5.17.>. ③ 성인지 예산서의 작성에 관한 구체적인 사항은 대통령령으로 정한다. <개정 2010.5.17>.

국회예산정책처, 2014). 현재 우리나라의 성인지 예산제도는 다른 국가에 비해 법률적·절차적으로 형식적 기반이 우수한 것으로 알려져 있으며, 아직까지 성인지 예산제도를 시행하고 있지 않은 다수의 국가에 귀감이 되고 있다.

이렇듯 우리나라를 비롯한 각 국가가 성인지 예산을 시행하고, 성인지 예산제도를 도입하는 이유는 국가정책과 재정운용 시 양성평등에 대한 인식을 제고하고, 정부의 책임성을 강화시켜 예산과 정책의 실질적인 변화를 통해 양성평등을 향상시키기 위함이다(Sharp & Broomhill, 2002; Sharp, 2003). 이는 양성평등한 사회가 지속 가능한 경제성장을 이룰 수 있고, 사회발전에 필수적이라는 연구들이 전 세계적으로 관심을 끌면서 더욱 이슈화되었다(Klasen, 1999; Budlender, Elson, Hewitt & Mukhopadhyay, 2002; Rubin & Bartle, 2005).

이러한 관심은 당시 여성 관련 쟁점들이 정책영역에서 정책실현의 주요한 관건이 되는 예산을 인지하는 데 큰 영향을 미쳤으며, 이 때부터 성인지 예산 관련 연구가 본격화되었다. 초기 성인지 예산에 관한 연구는 주로 젠더 경제학자들에 의해 이루어졌으며, 이들은 일반적으로 예산이 성에 대해서 중립적인 태도를 취하고 있다고 생각하지만 사실 이러한 태도는 성차별을 유지시키고 있거나 혹은 오히려 악화시키고 있기 때문에 예산에 대한 성인지적 접근이 반드시 필요하다고 주장하였다(Budlender & Sharp, 1998; Elson, 2002). 이러한 주장은 2000년 초중반이 되면서 개념적 틀이 잡히고, 학문적으로 보다 체계화되었다.

이에 따라 1990년대 후반, 성인지 예산을 도입한 국가는 40여 개국에 불과했으나, 2000년 초중반에는 약 60여 개국으로 늘어났고

(Budlender, Elson, Hewitt & Mukhopadhyay, 2002), 2008년에는 약 90여 개국(Alami, 2008), 2014년 현재 약 120여 개국에서 실시하고 있다(www.gender-budgets.org).

그러나 성인지 예산의 비약적인 발전에도 불구하고 현재 이와 관련한 연구는 초기 성인지 예산이 도입되던 시기에 논의되던 것에 비해 크게 진전된 것이 없어 보인다. 개념 타당성에 대한 논의나 일부 국가의 사례를 소개하거나 나열하는 식의 연구에서는 벗어났으나, '성인지 예산이 보다 효과적으로 성취하고자 하는 목표에 도달하기 위해서는 어떠한 과정이 필요한지'에 대한 구체적인 논의가 없고, '그동안 성인지 예산이 궁극적으로 지향하는 양성평등 향상에 얼마만큼 기여하였는지'에 대하여 실증 데이터를 활용하여 분석한 연구도 아직 없다.

이러한 이유로 성인지 예산을 시행하여 성공적으로 제도를 정착시킨 국가 중에서도 여전히 국제사회에서는 양성평등이 잘 지켜지지 않는 국가로 혹평을 받는 경우도 있다.

이는 세계경제포럼(WEF)에서 매년 발간하는 성 격차 보고서(Gender Gap Report)를 통해서 확인할 수 있는바, '2014년 성 격차 보고서'[4]에 의하면 조사대상국 142개국 가운데 성인지 예산제도를 시행하고 있는 한국은 117위, 인도 114위, 네팔 112위로 같은 아시아 국가이면서 성인지 예산제도를 시행하지 않는 싱가포르(59위), 일본(104위), 중국(87위)보다도 순위가 낮은 것으로 나타난다(<표 Ⅰ-1> 참고).

---

4) http://www.weforum.org/issues/global-gender-gap

〈표 Ⅰ-1〉 2014 성 격차 순위

Global Top 10		유럽/중앙아시아		사하라사막이남 아프리카		라틴아메리카/ 카리브		중동/ 북아프리카		아시아/ 태평양	
국가명	순위	국가명	순위	국가명	순위	국가명	순위	국가명	순위	국가명	순위
아이슬란드	1	아이슬란드	1	르완다	7	니카라과	6	이스라엘	65	필리핀	9
핀란드	2	핀란드	2	부룬디	17	에콰도르	21	쿠웨이트	113	뉴질랜드	13
노르웨이	3	노르웨이	3	남아공	18	쿠바	30	아랍에미리트	115	오스트리아	24
스웨덴	4	스웨덴	4	모잠비크	27	아르헨티나	31	카타르	116	몽골	42
덴마크	5	덴마크	5	말라위	34	바베이도스	33	튀니지	123	싱가포르	59
니카라과	6	아일랜드	8	케냐	37	바하마	35	바레인	124	라오스	60
르완다	7	벨기에	10	레소토	38	페루	45	알제리	126	태국	61
아일랜드	8	스위스	11	나미비아	40	파나마	46	오만	128	방글라데시	68
필리핀	9	독일	12	마다가스카르	41	코스타리카	48	이집트	129	베트남	76
벨기에	10	네덜란드	14	탄자니아	47	트리니드토바고	49	사우디아라비아	130	스리랑카	79

자료: The Global Gender Gap Report 2014
Note: 조사대상국 142개 국가 중 순위

　　이러한 결과가 나타나는 이유를 하나로 단언하기 어렵지만, 성인지 예산은 다양한 양성평등 정책 수단 가운데서도 정책을 실현할 수 있는 가장 적극적인 수단이라는 점에서 그 효과성에 대한 검증이 반드시 필요하다고 할 수 있다.

　　그러나 현재 이와 관련한 연구는 주로 국제기구에서 발간하는 정책 보고서나 학자들이 개별 국가의 성공 사례를 다룬 몇몇의 연구에 주로 의존하고 있다. 따라서 각 국가에 일반화하기 어려운 한계가 있고, 성인지 예산이나 성인지 예산제도의 효과성에 대한 실증 데이터를 활용한 연구가 아직 없기 때문에 그 효과에 대한 객관적인 자료도 부재한 상황이다. 이는 성인지 예산에 대한 논의가 진행된 지 20여 년이 지났지만 여전히 개론적인 틀에서 벗어나지 못한 한계이기도 하다.

따라서 이 연구에서는 그동안 성인지 예산 관련 연구에서 매우 중요한 부분임에도 불구하고 구체적으로 다루어진 적이 없는 성인지 예산의 제도화가 양성평등에 미치는 영향을 실증적으로 분석해 보고자 하였다. 그리고 나아가 성인지 예산제도를 모범적으로 시행하고 있음에도 불구하고 국제사회에서 양성평등 수준이 낮게 평가되고 있는 국가들을 중심으로 왜 그러한 결과가 나타나는지에 대해서 분석하고자 하였다.

이를 위하여 성인지 예산의 제도화를 형식적 제도화와 질적 제도화로 구분하였으며, 또한 시행주체별(정부, 시민단체, 국제기구) 구분을 통해 성인지 예산의 제도화가 양성평등에 미치는 영향에 대하여 보다 세부적으로 분석함으로써 의미 있는 정책적 함의를 도출하고자 하였다. 이는 그동안 성인지 예산 관련 연구에서 실제 데이터를 활용하여 그 효과성을 분석한 연구가 없다는 점에서 그 의의가 크다고 할 수 있다.

2. 연구내용

이 연구의 흐름은 다음과 같다.

먼저 제2장에서는 성인지 예산과 양성평등의 개념에 대해서 살펴봄으로써 그동안 혼용했던 용어에 대해서 보다 명확하게 정의하였고, 성인지 예산을 유형에 따라 분류하고, 시행주체에 따라 구분하였다. 그리고 성인지 예산의 세계적인 동향을 살펴봄으로써 현재까지 성인지 예산이 각 국가에서 어떻게 이루어져 왔는지 그 흐름을 살펴보았고, 다양한 선행연구를 통해 학문적 동향을 살펴보았다.

제3장에서는 실증분석을 위한 변수를 구성하고, 가설을 설정하여 연구모형을 정립하였다. 그리고 성인지 예산 제도화의 양성평등 정책 효과성을 체계적으로 분석하기 위하여 성인지 예산의 제도화를 형식적 제도화와 질적 제도화로 구분하였으며, 선행연구를 통해 양성평등에 영향을 미칠 것으로 판단되는 사회·경제적 요인, 정치적 요인, 지리적 요인을 찾아내어 그 영향력을 통제하고자 노력하였다.

제4장에서는 성인지 예산을 시행하고 있는 전 세계 120여 개 국가 중에서 데이터 가용이 가능한 73개 국가의 7년간 수집된 자료를 바탕으로 성인지 예산의 제도화가 양성평등에 미치는 영향을 분석하였다. 분석방법은 패널 데이터의 특성을 고려하여 패널 분석 방법인 고정효과 모형을 통해 결과를 추론하였다.

실증 분석은 먼저 성인지 예산의 제도화가 양성평등에 미치는 영향에 대하여 분석하였고, 다음으로 시행주체(정부, 시민단체, 국제기구)를 구분하여 성인지 예산의 제도화가 양성평등에 미치는 영향에 대해 분석하였다.

마지막 제5장에서는 연구를 종합적으로 요약하고 실증분석을 통해 도출된 연구결과를 바탕으로 연구의 정책적 함의를 제시하였으며, 우리나라에 대한 시사점을 제공하였다. 또한 이 연구의 한계와 향후 과제를 제시함으로써 학문적 발전에 기여하고자 하였다.

3. 연구대상 및 연구방법

1) 연구대상

이 연구는 세계은행 기준 전 세계 229개 국가 중 성인지 예산을 시행하는 73개 국가[5]를 연구대상으로 선정하였다. 그 이유는 전 세계 229개 국가 중에서 현재 성인지 예산을 시행하거나 성인지 예산제도를 도입한 국가는 약 120여 개 국가로 파악되지만, 이 중에서 데이터 가용이 가능한 국가는 73개 국가이기 때문이다.

성인지 예산과 성인지 예산제도는 각 국가의 상황과 맥락에 따라 다양한 방식과 유형으로 나타나기 때문에 국가별로 동일한 기준을 적용하여 비교 분석하는 것에 제약이 크다. 따라서 성인지 예산 관

---

5) 알바니아, 아르헨티나, 오스트레일리아, 오스트리아, 바레인, 방글라데시, 벨기에, 볼리비아, 보츠와나, 브라질, 불가리아, 카메룬, 캐나다, 칠레, 코스타리카, 크로아티아, 체코, 덴마크, 에콰도르, 이집트, 에스토니아, 에티오피아, 핀란드, 프랑스, 그루지야, 독일, 가나, 헝가리, 아이슬란드, 인도, 인도네시아, 아일랜드, 이스라엘, 이탈리아, 요르단, 카자흐스탄, 한국, 리투아니아, 마케도니아, 말레이시아, 말리, 모리셔스, 멕시코, 몰도바, 몽골, 모로코, 나미비아, 네팔, 네덜란드, 뉴질랜드, 니카라과, 나이지리아, 노르웨이, 파키스탄, 페루, 필리핀, 폴란드, 루마니아, 러시아, 슬로바키아, 남아프리카공화국, 스페인, 스리랑카, 스웨덴, 스위스, 탄자니아, 터키, 우간다, 우크라이나, 영국, 미국, 베네수엘라, 예멘.

련 연구를 선도적으로 이끌어 왔으며, 국제사회에서 그 자료를 신뢰할 수 있는 유엔여성(UN Women, http://www.gender-budgets.org/)의 자료를 바탕으로 데이터 가용이 가능한 국가 중 성인지 예산 시행국가와 성인지 예산제도 도입 국가를 선별하여 분류하였다.

연구대상에 대한 자료 수집 기간은 2006년부터 2012년까지이다. 2006년을 연구의 시작점으로 잡은 것은 성인지 예산에 대한 본격적인 연구가 2000년대부터 이루어졌고, 학문적으로 의미 있는 연구는 대부분 2000년 중후반에 나왔기 때문이다. 또한 이 연구의 종속변수로 선정한 양성평등의 대리변수인 성 격차 지수가 2006년부터 공개되기 시작하였기 때문이기도 하다.

이에 따라 연구의 시작점을 2006년으로 하였으며, 2012년까지만 분석에 포함한 이유는 이 연구에서 통제변수로 활용하는 데이터 중에서 2012년 이후 자료를 아직 공개하지 않은 것이 있기 때문이다. 추정하여 연구에 반영할 수 있지만, 연구의 결과를 흐릴 수 있으므로 세계은행에 명확하게 공개된 자료만 활용하기로 하였다.

따라서 이 연구의 시간적 범위는 2006년부터 2012년까지로 제한하였다. 그리고 이 연구에서는 종속변수와 독립변수 사이에 1년간의 시차를 두어, 독립변수의 역인과성에 대한 고려를 하였다.

2) 연구방법

이 연구는 성인지 예산의 제도화가 양성평등에 미치는 영향을 분석하기 위하여 문헌자료를 활용하였고, 통계 자료를 이용한 패널 분석을 실시하였다. 그리고 계량화할 수 없는 부분을 보완하기 위하여 전문가 인터뷰를 실시하였다.

성인지 예산의 제도화에 대한 개념을 정의하고, 선행연구를 분석하기 위해 국내외 문헌 및 국제기구의 활동 보고서를 번역하고 분석하였다. 특히 유엔여성(UN WOMEN), 유엔개발계획(UNDP), 유엔여성기금(UNIFEM), 경제협력개발기구(OECD), 한국여성정책연구원 등의 보고서를 집중 검토하였다.

다음으로 실증 연구를 위하여 성인지 예산 시행 국가와 성인지 예산제도 도입 국가를 구분하였고, 성인지 예산을 시행하는 주체를 구별하였다. 그리고 국가별 구분에 있어 연구의 자의성을 배제하기 위하여 선행연구를 적극 참고하였으며, 각 국가 홈페이지를 통해 최종 확인하였다. 이 연구는 세계은행 데이터베이스를 기초로 하여 주요 변수의 데이터를 수집하여 가공하였고, 실증분석에 앞서 데이터의 특성을 고려한 분석모형을 정립하였다.

이 연구에서 활용할 분석방법은 패널 분석방법 중에서 가장 적합하다고 판단한 고정효과 모형이며, 분석을 위한 통계패키지 STATA 13.1을 활용하였다.

그리고 마지막으로 전문가 인터뷰를 통해 연구의 질적 부분을 보완하였다. 전문가 인터뷰는 2012년 7월 13일 영국의 여성단체 WBG (Women's Budget Group)를 방문하여 다이애나 앨슨(Diane Elson)을 면담하였다. 그리고 7월 16일 독일의 여성부와 재정부 예산과를 방문하여 담당자 캠펠(Kämper)을 면담하였으며, 시민단체인 유럽사회기금(ESF: European Social Fund)을 방문하여 레지나 프레이(Regina Frey)를 면담하였다.

제2장 성인지 예산 제도화의
시작과 과정

1. 성인지 예산과 양성평등

1) 성인지 예산의 개념

성인지 예산은 성(Gender)＋인지(Responsive)＋예산(budgets)이라는 복합적인 단어로 구성되어 있다. 일반적으로 성(性)이라고 했을 때, 사람들은 생물학적인 남성과 여성을 가리키는 '성별'을 떠올리기가 쉬운데, 이 연구에서 의미하는 '성'은 '성별'이 아닌 사회문화적 의미를 담고 있는 '젠더(Gender)'로서 그 의미가 서로 다르다. 이에 본 연구에서는 개념상의 혼동을 피하기 위해 용어를 명확하게 정의할 필요가 있다고 판단하였다.

그리고 한국에서는 성인지 예산과 성인지 예산제도를 혼용하는 경향이 있으나 성인지 예산제도는 재정제도로써 성인지 예산과는 구별된다. 또한 이 연구에서는 성인지 예산의 제도화라는 용어를 쓰는데 이는 성인지 예산제도와 같은 뜻으로 쓰이고 있으나 제도화라는 단어 속에는 과정적 의미를 포함하고 있으므로 이를 구분할 필요가 있다.

따라서 이 연구에서는 본격적인 연구에 앞서 '성인지 예산', '성인지 예산제도', 그리고 '성인지 예산의 제도화'에 대한 용어상의 정의가 필요하다고 판단하였기에 이에 대해 간략하게 살펴보고자 한다.

가. 성(Gender)

유엔(UN)의 정의에 따르면 젠더(Gender)란 *"여성됨, 남성됨과 관련된 사회적 태도와 기회, 그리고 여성 간, 남성 간, 여성과 남성 간의 관계를 언급하는 것으로 이러한 태도, 기회, 관계들은 사회적으로 구성된 것이며, 사회화 과정을 통하여 학습되고, 맥락적이며 시간-특수적이고 변화 가능한 것이다. (……) 젠더는 계급, 인종, 빈곤, 민족문제, 연령 등과 함께 더 넓은 사회문화적 맥락의 한 부분이며, 중요한 비판기준(Criteria)이다*(UN OSAGI Office of the Special Adviser on Gender Issues and Advancement of Women, 2014년 검색)"라고 정의하고 있다(차인순, 2005 재인용).

그리고 흄(Humm, 1990)은 성(Sex)과 젠더(Gender)에 대하여 성(Sex)은 해부학상 인간이라는 종 가운데 여성으로 태어났는가, 아니면 남성으로 태어났는가를 구분하는 생물학적 특질로 구성되는 생물학적 성(Biological Sex)을 의미하나, 젠더(Gender)는 생물학적으로 결정된 성(Sex)에 기반을 둔 자질로서 사회적으로 학습되어 구성된 구체적 행동과 그에 준하는 기대를 일컫는 사회적 성(Sociological Gender, Social Gender)을 의미한다고 하였다.

또한 김영옥(2011)은 그동안 우리나라에서는 '젠더(Gender)'에 해당하는 말이 없어 '성 또는 성별(Sex)'로 해석되거나 그냥 젠더로 표기되어 왔지만, 사실 젠더(Gender)는 생물학적으로 남녀를 구분하는 성(sex)이란 개념과는 대비되는 것으로 사회·문화적으로 형성된 남녀의 역할과 지위, 남녀관계를 의미한다고 하였다.

이에 김경희(2006)는 젠더의 개념이 때로는 두 성(남성과 여성) 간의 인지된 차이에 근거한 사회적 관계로 설명되기도 하고, 권력관계를 증명하는 주된 방법이자 권력의 산물로 묘사되기도 하며, 젠더가 사회제도로 형상화하기도 한다고 하면서 다양하게 논의되는 젠더의 개념에 대해서 설명하였다.

<표 II-1> 성과 젠더의 구분

	성(Sex)	젠더(Gender)
용어	생물학적인 남성과 여성의 구분 (female or male)	사회문화적인 남성과 여성의 구분 (feminine or masculine)
차이	염색체의 차이: 여성 XX, 남성 XY	문화적 특성에 따른 차이
구분	남성과 여성을 구별함에 모호함이 없음.	문화에 따라 남성과 여성의 구분방식이 다르기 때문에 모호함이 있음.

자료: 한국여성경제학회(2012) 재인용

이에 본 연구자는 젠더를 다루는 연구에 있어서 개념을 명확히 할 필요성을 느꼈고, 다양하게 표현되고 있지만 공통된 견해를 따라 성인지 예산의 '성(Gender)'은 생물학적 성(Sex)과는 구별되는 개념으로, 사회문화적으로 형성된 남녀의 역할과 사회적 지위, 남녀 관계를 의미하는 것으로 정의하고자 한다(Stoller, 1968; Money & Ehrhardt, 1972; Lambart, 1978; Reid, 1975)(<표 Ⅱ-1 참고>).

나. 성인지(Gender Responsive)

1995년 유엔(UN)을 중심으로 전 세계는 양성평등 사회 구현을 위한 하나의 전략으로 성주류화(Gender Mainstreaming)[6]를 채택하였다.

성주류화는 그동안 여성에게만 주목했던 기존의 여성정책을 넘어서 정책 전반에 대하여 젠더(Gender)의 문제를 중심에 놓이게 만들었으며, 정책의 결정, 집행 그리고 감시와 평가 단계, 즉 모든 정책 과정에서 여성과 남성에 대한 성별 영향 분석을 실시함으로써 결과적으로 성 인지적 관점을 통합하도록 촉진하는 역할을 수행해 왔다.

그 결과 늘 부차적이고 덜 중요한 문제로 취급되었던 성평등의 문제는 반드시 기본적으로 분석해야 할 변수로 격상될 수 있었다. 이러한 성주류화의 인식론적 도구가 바로 성 인지적 관점이다.

성 인지적(Gender Responsive) 관점[7]이란 기본적으로 남성과 여성은 다른 이해와 요구를 가지고 있다고 전제한다. 따라서 남성과 여성의 삶을 비교하고, 여성의 삶의 경험을 반영하여 특정한 개념이 특정 성에게 유리하거나 불리하지 않은지, 성 역할 고정관념이 개입되어 있지는 않은지 등을 분석에 적용하는 것을 의미한다(오정진 외, 2002).

---

6) 성주류화는 1995년 북경세계여성대회에서 천명된 성평등 전략으로 국내에서는 2000년 이후 본격적으로 사용되기 시작하였다. 성주류화는 여성이 사회 모든 주류 영역에 참여해 목소리를 내고 의사결정권을 갖는 형태로 사회시스템 운영 전반이 전환되는 것을 말한다. 정치·경제·사회적 정책을 통합적 차원에서 기획·실행·감시 및 평가함으로써 여성과 남성이 동등한 혜택을 누리고 불평등이 발생하지 않도록 하는 전략으로, 그 궁극적인 목적은 양성평등을 이루는 데 있다. 성주류화의 과정은 여성이 사회의 모든 분야에 동등하게 참여하고 의사결정권을 갖는 것을 의미하는 여성의 주류화(Mainstreaming of women), 젠더 관점의 주류화(Mainstreaming of Gender), 주류의 전환(Transforming the mainstreaming)을 포함한다(이종수, 2009).

7) 성 인지성(Gender awareness)은 여성과 남성의 차이가 학습된 행동을 바탕으로 사회문화적으로 구성, 결정되어졌음을 이해하는 것(an understanding)이다. 성 인지력(Gender Sensitivity)은 현존하는 성 차이와 성차별 그리고 성과 관련된 문제를 인지할 수 있는 능력으로 성차별적인 영향을 배제할 수 있도록 하는 데 필요한 통찰력이다(김재인 외, 2007).

즉, 성별 역할과 지위, 입장과 경험을 동등하게 고려하여 성별 차이를 반영하거나 불평등을 시정하는 것을 의미한다(김재인, 2007; 차인순, 2005). 국제사회에서는 성 인지적(Gender Sensitive), 성 반응적(Gender Responsive) 등의 용어로 쓰이고 있는데, 일반적으로 성인지 예산을 주도하고 있는 유엔여성기금(UNIFEM) 및 영연방사무국(Commonwealth Secretariat), 젠더 경제학자들은 성 반응적(Gender Responsive)이라는 용어를 주로 사용하고 있다(Sharp, 2003).

다. 성인지 예산(Gender Responsive Budgeting)

예산(Budget)이란 경제의 안정적 성장과 소득의 재분배, 자원의 효율적 배분 등을 도모하기 위한 정부의 활동이 사용되는 재원이다. 국가 예산은 예산의 편성, 심의·의결, 집행, 결산 등의 과정을 거친다. 이 과정에서 공공 부문의 역할이 필요한 여러 분야에서 경쟁과 갈등이 일어나게 되며, 이것은 국가 정책의 우선순위로서 표출된다.

일반적인 경우, 정부 예산은 성중립적(gender neutral) 또는 몰성적(gender blind)인 것으로 가정하기 때문에, 여성과 남성의 경제·사회적 역할과 상황, 수요의 차이를 고려하지 않은 재정운영은 현재의 성불평등한 사회를 개선하지 못할 우려가 있다(기획예산정책처, 2014 재인용).

이에 따라 국가 예산을 편성, 심의·의결, 집행, 평가하는 전 과정에 성인지적 관점을 도입하는 것이 바로 성인지 예산의 기본 아이디어이다.

(1) 용어 정의

초기 성인지 예산을 주도했던 호주, 남아프리카공화국, 영국 등에서는 성인지 예산을 '여성예산(Women's Budgeting)'으로 지칭하였으나, 젠더 경제학자인 버들렌더(Budlender), 브룸힐과 샤프(Sharp and Broomhill)는 '여성'과 '예산'은 모두 성인지 예산의 의미와 원칙을 제대로 함축하는 용어라고 보기 어렵다고 지적하면서 용어의 부적합성을 지적하였다(Budlender, 2000; Sharp and Broomhill, 2002).

이후 1995년 북경세계여성대회를 계기로 국제사회의 양성평등 정책이 '여성(Women)'보다는 '젠더(Gender)'에 초점이 맞춰지면서 성인지 예산의 용어도 변화되었다. 여성(Women)은 젠더(Gender)로, 명사로서 예산(Budget)은 과정적 의미를 내포하는 예산(Budgeting)으로 대체되었다. 이에 따라 국제사회에서는 기존 용어인 여성예산(Women's Budgets) 대신 성 예산(Gender Budgeting), 평등 예산(Equality Budgeting), 성 인지적 예산(Gender Aware Budgeting), 성 민감 예산(Gender Sensitive Budgeting), 성 반응 예산(Gender responsive Budgeting), 성인지 예산 조치(Gender Responsive Initiatives) 등 여러 가지 상황과 문맥에 따라 다양하게 사용해 왔다.

최근 자료에 따르면, 유럽연합에서는 성 예산(Gender Budgeting)이라는 용어를 자주 언급하였고, 개발도상국의 성인지 예산 활동을 폭넓게 지원하고 있는 유엔여성기금(UNIFEM), 영연방 사무국(Commonwealth Secretariat), 캐나다 국제개발 센터(the International Development Research Centre of Canada) 등에서는 Gender Responsive Budgeting(GRB)이라는 용어를 사용하고 있었다(차인순, 2005).

현재까지도 성인지 예산의 용어에 대한 이견이 존재하기는 하나,

성인지 예산의 체계화에 기여하고 학문적 틀을 정립한 버들렌더
(Budlender), 엘슨(Elson), 샤프(Sharp) 등은 성인지 예산이 성 특정적
예산이거나 성 형평성 예산에 국한하지 않고 주류(일반) 예산으로
확대 해석할 수 있는 의미를 가진 Gender Responsive Budgeting이라
는 용어로 표기하고 있으며, 국내의 관련 기관 및 학자들도 대부분
이 용어를 사용하고 있다.8)

  (2) 개념 정의
  성인지 예산의 개념 체계화와 도구 및 방법론 개발에 기여해 온
국제기구와 학자들은 성인지 예산에 대한 개념을 다음과 같이 정의
하고 있다(<표 II-2> 참고).
  브뤼셀 고위급 회의(UNIFEM-OECD-Nordic Council of Ministers-
Belgium Government, 2001)에서는 성인지 예산이란 '정부 정책의
남성과 소년에 대한 효과를 여성과 소녀에 대한 효과와 비교하여 분
석하는 것'으로 정의하고 있다.
  성인지 예산의 학문적 기틀을 형성한 버들렌더 외(Budlender et al.,
1998)는 성인지 예산을 '여성을 위한 별도의 예산이 아니라 여성과
남성, 여성과 남성의 다양한 집단에 대한 예산의 차별적 효과를 보
여주기 위한 정부 예산 분석'이라고 정의하였고, 유럽의회(The Council
of Europe, 2005)에서는 '모든 수준의 예산과정에 젠더 관점을 결합하
고 성평등을 위하여 세입과 세출을 재구조화하는 것'이라고 정의하고
있으며, 유럽연합의 성평등 자문위원회(Advisory Committee on Equal

---

8) 한편 국내의 김영옥 외(2007)는 국제사회에서 사용하고 있는 '성인지 예산' 용어의 통역어는 국
   내에서 사용할 때, 국가 예산 중 특정 범주의 예산을 지칭하는 것으로 성인지 예산 활동을 축소
   시킬 우려가 있음을 지적하였으며, '성인지 예산'이라는 용어보다 '성인지 예산 활동(Gender
   Responsive Budgeting 또는 Gender Responsive Budgeting Initiatives)'이라는 용어를 사용하는 것
   이 더 적합하다고 하였다(마경희, 2011).

Opportunities for Women and Men, 2003)는 '예산과정에 성 주류화를 적용하고 예산에 대한 성별영향평가를 실시하는 것'으로 정의하고 있다.

그리고 마경희(2008)는 '정부 예산이 의도하지 않게 젠더 관계에 미치는 효과를 분석하고, 정부 정책과 예산을 변화시키고자 하는 것'으로 정의하고 있으며, 조선주(2010)는 '여성을 대상으로 하거나 성평등을 직접적인 목적으로 하는 특정 범주의 예산을 의미하는 것이 아니라, 예산의 편성-집행-심의-결산 등의 모든 과정에서 여성과 남성에게 미치는 효과를 고려하여 국가 재원이 보다 효율적이고 성평등하게 사용될 수 있도록 예산의 구조와 준칙을 변화시키고자 하는 것'으로 정의하고 있다.

샤프와 브룸힐(Sharp and Broomhill, 2002)은 '성주류화 공약을 검증하는 도구의 역할이며, 이는 정부의 양성평등 공약이 예산 공약으로 전환되고 있는지 여부를 설정하는 메커니즘'이라고 하였고, 국제통화기금(International Monetary Fund, 2003)은 '프로그램 예산이나 집행 예산과 같은 예산 시스템이 아니라 젠더 격차를 줄이기 위한 정부 예산 프로그램의 영향을 분석하고 이해를 돕는 성주류화'라고 하였으며, '궁극적으로는 양성평등을 돕는 부가적이고 분석적인 도구'라고 정의하였다.

또한 그리피스와 낼러리(Griffith and Nallari, 2008)는 '여성만을 위해 분리된 예산이 아니라 모든 형태의 정부 지출을 대상으로 그것이 남성과 비교해 여성에게 어떤 의미와 영향을 함축하고 있는지 파악하고 분석하는 데 목적을 두는 예산 기법이자 수단'이라고 정의하였다.

론다 샤프(Rhonda Sharp, 2003)는 '성 중립적으로 보이는 예산이 실제 성평등 하지 않을 수 있으므로 여성과 남성에게 어떠한 영향을 미치고 있는지 분석하는 것'이라고 정의하였으며, 성인지 예산의 세 가지 핵심 목표를 제시함으로써 성인지 예산의 개념을 더욱 명확히 하였다. 첫째, 정부 정책과 재정운용에 있어 양성평등 인식제고, 둘째, 양성평등에 대한 정부의 책임성을 강화, 셋째, 양성평등과 여성의 지위 향상을 위한 예산과 정책을 실질적으로 변화시키는 것이다 (Sharp & Broomhil, 2002).

이와 같이 성인지 예산의 개념은 다양하게 불리는 용어만큼 학자에 따라 약간의 관점 차이가 반영되는데, 이는 성인지 예산에 대하여 '성인지적 예산분석'에 관심을 두느냐, '예산과정으로의 젠더 통합'에 관심을 두느냐에 따라 구분한다(마경희, 2011).

성인지적 예산분석은 예산이 남성과 여성에게 미치는 차별적 효과에 주목하는 반면, 예산과정으로의 젠더통합은 성인지적 예산 정책 기제, 그리고 그 결과로서 성인지적 예산의 편성과 집행에 주목한다. 하지만 예산의 성불평등 효과를 개선하기 위해서는 예산분석의 차원에 머물러서는 안 되고, 분석결과가 예산과 정책에 반영되어야 한다는 점을 고려하였을 때, 성인지적 예산분석은 예산과정으로의 젠더통합을 위한 출발점으로 볼 수 있다(마경희, 2011).

따라서 이 연구에서는 앞의 선행연구를 바탕으로 하여 성인지 예산의 개념을 종합하여 다음과 같이 정의한다.

성인지 예산이란 '여성을 대상으로 하거나 양성평등을 직접적인 목적으로 하는 특정 범주의 예산을 의미하는 것이 아니며, 예산의 편성-집행, 심의-결산 등의 모든 과정에서 여성과 남성에게 미치는 효과를 고려하여 국가 재원이 효율적이고 양성평등한 방식으로 사용될 수 있도록 예산의 구조와 준칙을 변화시키고자 하는 것'이다 (조선주, 2010; 마경희, 2008).

<표 II-2> 성인지 예산에 대한 학자 간 개념 정의

구 분	정 의
국제통화기금(IMF, 2003)	젠더 격차를 줄이기 위한 정부 예산 프로그램의 영향을 판단하고 이해를 돕는 성주류화, 궁극적으로 양성평등을 돕는 부가적이고 분석적인 도구
그리피스와 낼러리 (Griffith and Nallari, 2008)	여성만을 위해 분리된 예산이 아니라, 모든 형태의 정부 지출을 대상으로 그것이 남성과 비교하여 여성에게 어떤 의미와 영향을 함축하고 있는지 파악하고 분석하는데 목적을 두는 예산기법이자 수단
마경희(2008)	예산이 의도하기 않게 젠더 관계에 미치는 영향을 분석하고, 정책과 예산을 변화시키고자 하는 것
버들렌더 외(Budlender et al., 1998)	정부의 모든 정책, 계획, 프로그램에 젠더 관점을 통합시키는 것
브뤼셀 고위급 회의 (UNIFEM-OECD-Nordic Council of Ministers-Belgium Government, 2001)	정부정책의 여성과 소녀에 대한 효과를 남성과 소년에 대한 효과와 비교하여 분석하는 것
샤프와 브롬힐 (Sharp and Broomhill, 2002)	성주류화 공약을 검증하는 도구 역할을 하며, 정부의 양성평등 공약이 예산공약으로 전환되고 있는지 여부를 설정하는 메커니즘
유럽의회 (The Council of Europe, 2005)	모든 수준의 예산과정에서 젠더 관점을 결합하고 성평등을 위하여 세입과 세출을 재구조화하는 것
유럽연합의 성평등자문위원회 (Advisory Committee on Equal Opportunities for Women and Men, 2003)	예산과정에 성주류화(Gender Mainstreaming)를 적용하고 예산에 대한 성별영향평가를 실시하는 것
조선주(2010)	여성을 대상으로 하거나 성평등을 직접적인 목적으로 하는 특정 범주의 예산을 의미하는 것이 아니며, 예산의 편성-집행, 심의-결산 등의 모든 과정에서 여성과 남성에게 미치는 효과를 고려하여 국가 재원이 효율적이고 성평등한 방식으로 사용될 수 있도록 예산의 구조와 준칙을 변화시키고자 하는 것

자료: IMF(2003), Griffith and Nallari(2008), 마경희(2008), Budlender et al. 1998), UNIFEM-OECD-Nordic Council of Ministers-Belgium Government(2001), Sharp and Broomhill(2002), The Council of Europe(2005), Advisory Committee on Equal Opportunities for Women and Men(2003), 조선주(2010)를 참고하여 구성

라. 성인지 예산제도(Institution of Gender Responsive Budgeting)

최근 성인지 예산의 개념 및 방법론 등이 체계적으로 정립되고 있지만 성인지 예산제도는 아직 정형화된 틀이 존재하지 않는다(윤영진·김은정, 2008). 이로 인해 현재 성인지 예산과 성인지 예산제도를 혼용하는 경우가 있으나 영문표기에서도 알 수 있듯이 이는 엄밀하게 다른 개념으로 구분하여 사용하여야 한다.

성인지 예산제도는 재정제도로써의 의미를 가진다. 재정제도는 예산의 편성, 집행 등 재정운용 과정에 합리적 의사결정과 효율적 재정 관리를 위하여 지켜야 하는 제도이며, 이는 국가재정이 효율적이고, 성과지향적이며, 투명하게 운영되고, 재정건전성이 유지되도록 하기 위한 제반 장치로써 현재와 미래의 국민 부담이 적정 수준에서 형평하게 나누어지도록 하는 역할을 한다(국회예산정책처, 2014 재인용).

따라서 성인지 예산제도란, 예산편성과 집행과정에서 남녀에게 미치는 효과를 고려하여 남녀 차별 없이 평등하게 혜택을 받을 수 있도록 하는 재정제도로 정의할 수 있다(기획재정부, 2010; 조선주, 2012; 국회예산정책처, 2014).9)

---

9) 한편, 마경희(2011)는 성인지 예산을 시행할 때 하나의 제도로써 정부가 주도할 경우 '성인지 예산제도'라는 용어를 쓰는 것이 타당하다고 주장한다.

마. 성인지 예산의 제도화(Institutionalization of Gender Responsive Budgeting)

성인지 예산의 제도화는 우리나라에서 성인지 예산제도와 같은 개념으로 이해되는 경향이 강하다. 그러나 성인지 예산이 궁극적으로 제도로 정착해야 된다는 뜻에서 같은 의미로 이해할 수 있지만, 제도화(Institutionalization)라는 용어 속에는 과정적 의미가 내포되어 있으므로 이를 반영한 성인지 예산의 제도화에 대한 명확한 개념 정의가 필요하다.

제도화에 대하여 제퍼슨(Jepperson)은 '특정한 상태나 속성을 담고 있는 사회적 질서, 즉 제도를 획득하는 과정'으로 보았고, 헌팅톤(Huntington)은 '조직이나 절차가 가치성과 안정성을 갖게 되는 과정'이라 하였으며, 셀즈닉(Selznick)은 '조직이 목적을 달성하는 수단, 방법, 절차가 확정되어 그것이 정통성을 갖게 되는 과정'으로 정의하고 있다(Jepperson, 1991; Huntington, 1973; Selznick, 1957). 학자에 따라 그 정의가 다양하게 표현되고 있지만 공통적으로 '공식적으로 권위를 인정받는 과정'을 함축하고 있다는 것을 발견할 수 있다.

따라서 제도화의 개념을 바탕으로 성인지 예산의 제도화의 개념을 조작적으로 정의하면, 성인지 예산의 제도화란 '성인지 예산이 국가로부터 그 권위를 공식적으로 인정받아 제도로써 실제적인 권한을 갖게 되는 과정'으로 정의할 수 있다.[10]

---

10) 이 연구에서는 성인지 예산의 제도화가 양성평등에 미치는 영향을 체계적으로 분석하기 위하여 성인지 예산의 제도화를 형식적 제도화와 질적 제도화로 구분하였다.

2) 성인지 예산의 유형[11]

현재 성인지 예산을 시행하고 있는 여러 국가를 살펴본 결과, 성인지 예산은 모든 국가에서 정형화된 틀에 의해 단일한 방법으로 이루어지고 있는 것이 아니라 각 국가의 상황과 맥락에 맞게 다양한 방식으로 이루어지고 있었다.

이에 각 국가의 공통된 특성들을 엮어 보면 성인지 예산은 다음 세 가지 유형으로 구분할 수 있다. 첫째, '일반 예산에 대한 젠더 분석으로서 성인지 예산' 둘째, '여성예산으로서의 성인지 예산' 셋째, '젠더 분석의 한 범주로서 예산'이다(Budlender et al., 1998; 김영옥, 2007; 이형우·김규옥, 2011).

가. 일반 예산에 대한 젠더 분석으로서의 성인지 예산

'일반 예산에 대한 젠더 분석으로서의 성인지 예산'은 사회적·문화적·경제적·정치적 영역 등 다양한 영역에서 자원이 근본적으로 양성평등하게 분배되어 있지 못하다는 것을 전제한다. 즉, 이미 성불평등이 구조화된 영역에서는 정부의 정책 및 예산이 의도하지 않게 성불평등을 야기할 수 있다는 것이다. 이러한 이유로 주류 예산을 분석 대상으로 삼는다.

이 유형의 대표적인 국가는 이미 양성평등 국가로 널리 알려진 북유럽 국가 및 오랫동안 제도권 밖에서 성인지 예산 활동을 했던 영국을 들 수 있다.

---

11) 김영옥 외(2007)의 연구를 주로 참고하였다.

북유럽 국가 중 하나인 스웨덴은 "여성과 남성의 경제적 자원 분배(Distribution of economic resources between women and men)"라는 예산서 부록을 통해 매년 유급/무급 노동시간, 임금, 소득, 연금, 실업급여 등 사회보험 급여, 세금 등 경제적 자원의 성별 분배의 차이를 보여 주고 있다. 그리고 자원분배의 차이를 가져오는 요인으로 여성의 경제활동에 장애가 될 수 있는 가족 내 역할의 문제에 주목하고 있다. 이 외에 부모휴가, 보육정책 및 시간제 노동이 여성과 남성의 경제적 자원 분배에 미치는 효과를 분석하기도 한다(김영옥 외, 2007).

또한 스웨덴은 예산보고서 작성을 위해 성별영향평가(Gender Impact assessment)와 구분되는 성평등 분석(Gender Equality)을 실시하고 있다. 성평등 분석은 국가의 성평등 정책 목표와 관련하여 해당 사업을 검토하는 것으로 현재 정책이 여성과 남성에게 어떠한 차이를 유발하는지 그 효과를 분석한다. 그리고 차별적 효과로 인해 발생하는 사항들을 개선하기 위하여 목표를 설정하고, 그 목표를 달성하기 위한 활동을 기록하고 서술한다(Government offices of Sweden, 2014).

이렇듯 일반 예산에 대한 젠더 분석은 예산의 성별 분배 구조 자체를 개혁하려고 하는 의지가 담겨 있으므로 성인지 예산의 궁극적인 목적을 실현할 수 있는 가능성을 가지고 있지만, 이는 성불평등에 대한 깊은 이해와 양성평등을 위한 수준 높은 시민 의식을 필요로 한다는 점에서 한계가 있다.

그리고 이와는 별개로 일반 예산에 대한 젠더 분석으로서 성인지 예산은 해당 국가의 양성평등 수준이 높은 국가에서 보다 유용하다는 한계가 있다. 즉, 여성의 기본적인 권리(인권, 사회·경제적 참여의 자유 등)가 지켜지지 않는 국가에서는 여성예산으로서의 성인지 예산 접근이 훨씬 유용할 수 있다.

나. 여성예산으로서 성인지 예산

'여성예산'으로서 성인지 예산은 다양한 부처의 예산을 분석 대상으로 본다고 하더라도 특별히 여성을 대상으로 하는 예산에 주목한다. 이는 정부 정책 및 자원을 성인지적으로 변화시키려고 하기보다는 여성을 대상으로 하는 예산에 관심을 집중한다는 것으로 볼 수 있다(Budlender, 2005a).[12]

'여성예산'으로서 성인지 예산에 대한 개념화의 대표적인 국가는 필리핀과 프랑스를 들 수 있다. 필리핀은 1995년 일반세출예산법(Genderal Appropriations Act)의 개정을 통해 모든 정부 기관은 총세출 예산의 5%를 젠더 이슈를 해결하기 위한 사업(Gender Concerns)에 할당해야 한다고 규정하는 GAD[13] 예산을 도입했으며, 프랑스는 예산안 부록으로 황색보고서(Yellow Budget Paper on Women's Rights and Gender Equality)를 작성한다. 이 보고서를 통해 각 부처의 성평등 예산 총액을 알 수 있다.

여성예산으로서 성인지 예산은 적용예산 범위가 비교적 명확하고, 실제 정책 과정에서 성인지 예산을 정확하게 정의해 준다는 점에서 유용하지만, 예산 분배 구조의 변화를 가져올 수 있는 근본적인 접

---

12) 이는 아직까지 그 개념이 모호하고 접근하기 어려운 젠더보다 상대적으로 여성에 초점을 맞추는 것이 이해하기 더 쉽기 때문이기도 하다(김영옥 외, 2007).

13) 젠더와 개발(GAD: Gender and Development).

근이 되지 못한다는 한계가 있다.

전체 예산 중에서 여성을 위해 지출된 예산의 규모를 파악하는 것
도 중요하지만, 이러한 분석은 여성과 남성의 차이를 고려하지 않은
자원분배 규칙의 의도하지 않은 성차별 효과를 구별해내기 어렵다
(Budlender, 2000; Elson, 2002). 따라서 성인지 예산 전문가들은 성
인지 예산이 보다 발전하기 위해서 여성을 위한 예산 그 이상의 것
이 되어야 한다는 데 의견을 모으고 있다(Villagomez and Estudios,
A., 2004; Budlender, 2005a).

다. 젠더분석의 한 범주로서의 예산

'젠더분석의 한 범주로서의 예산'은 특별히 예산에 초점을 맞추거
나 하나의 분리된 개념으로써 성인지 예산을 시행하는 것이 아니라
프로그램이나 사업에 대한 젠더분석의 한 차원으로 예산을 고려한
다. 따라서 일반적으로 국제기구가 제안하는 예산분석 방법론이나
도구를 사용하지 않고, 국가 정책이나 사업에서 나타난 여성과 남성
의 성별 현황에 초점을 맞추어 예산을 살펴본다.

이 유형의 대표적인 국가는 캐나다, 뉴질랜드, 이스라엘, 미국의
샌프란시스코 등이다. 이 유형의 국가에서는 젠더분석의 한 범주로
서 예산을 명확하게 포함하고 있지는 않다. 그러나 젠더분석을 위해
구축한 자료를 면밀히 검토한 결과, 성인지 예산과 매우 유사한 효
과를 담고 있기 때문에 성인지 예산의 한 유형으로 분류하고 있다
(Budlender et al., 2002; Rubin & Bartle, 2005; Villagomez, 2004;
UN, 2009; Commonwealth Secretariat, 2007; The bureau for Gender

equailty, 2006; UNIFEM, 2008; Rivard, 2013).[14]

3) 성인지 예산의 시행 주체[15]

성인지 예산 전문가들은 성인지 예산의 시행 주체에 따라 성인지 예산 활동의 효과와 지속성에 차이가 있다고 주장한 바 있다(Budlender et al., 1998; Elisabeth Villagomez, 2004; Elson, 2012; 김영옥 외, 2007; 마경희, 2011).

특히 버들렌더(1998)는 예산분석은 성인지 예산의 핵심영역에 속하지만, 기본적으로 기술적이라기보다는 정치적인 과정이라고 하였다. 이는 성인지 예산이 성공적으로 정착하기 위해서는 본질적으로 다양한 행위주체들 간의 협력과 핵심적 주체의 정치적인 전략이 중요하다는 것을 의미한다(김영옥 외, 2007).

젠더 경제학자이면서 영국의 성인지 예산을 주도적으로 이끌고 있는 시민단체 WBG의 핵심 구성원인 엘슨(Elson, 2012)과 인터뷰를 통해 확인한 바에 의하면, WBG가 성인지 예산을 정부영역에 끌어들이기까지 많은 시간과 노력이 필요했으며, 일정 부분 소기의 성과가 있었지만 공공정책 전반에 대한 파급력은 제한적이었다고 하였다. 또한 비교적 최근에서야 몇몇 부처의 요청으로 사회보장급여 시스템 및 세금과 관련된 부처에서 관련 자문을 수행하고 있지만 그 효과도

---

14) 학자에 따라 예산에 중점을 두지 않았기 때문에 성인지 예산의 한 유형으로 분류하기 어렵다고 주장하기도 한다. 그러나 국가 정책이나 사업이 여성과 남성에게 미치는 효과의 차이를 고려하여 국가 재원이 고르게 분배될 수 있도록 노력하기 때문에 최근 학계에서는 성인지 예산의 한 유형으로 분류하고 있다.

15) 김영옥 외(2007)의 연구를 주로 참고하였으며, 인터뷰는 지난 2012년 7월 13일(영국 WBG), 7월 16일(독일 ESF, 베를린 여성부와 재정부)에 실시하였다.

제한적이라고 하면서 정부의 주도적인 역할이 필요하다고 하였다.

독일의 ESF(European Social Fund)에서 활동하고 있는 프레이(Frey, 2012) 박사와의 인터뷰에서도 그는 성인지 예산의 성공은 시행주체가 누구인지에 따라 달라질 수 있다고 하였으며, 주정부와 시민단체의 조화로운 역할 수행이 그 무엇보다 중요하다고 하였다.

따라서 성인지 예산을 주도하는 각 국가의 시행 주체에 따라 성인지 예산의 제도화가 양성평등에 미치는 영향이 다를 수 있음을 추론할 수 있다.

이에 이 연구에서는 각 국가의 성인지 예산 시행 주체를 정부, 시민단체, 국제기구로 구분하여, 성인지 예산의 제도화가 양성평등에 미치는 영향을 살펴보았다. 성인지 예산의 시행 주체 구분에 따른 국가 현황은 <표 Ⅱ-3>을 통해 알 수 있다.

가. 정부 주도

정부가 주도하는 곳은 대부분 선진국이며, 대표적으로 덴마크, 스웨덴, 노르웨이, 아이슬란드, 호주, 프랑스 등의 국가들이 포함된다. 우리나라의 경우도 성인지 예산은 정부주도하에 시행되고 있다.

시행주체가 정부인 경우에는 예산분석을 위한 자료 접근도가 높고, 예산과 정책변화를 위한 현실적인 대안을 도출할 수 있는 장점이 있다. 하지만 정책권자의 정치적 의지가 미약하거나 또는 의회 및 시민단체의 지속적인 압력 없이는 제도가 효과적으로 유지되는 데 한계가 있다.

이는 세계 최초로 성인지 예산제도를 도입하여 10여 년간 지속하

다가 집권당(자)의 변화로 그 역할과 제도가 축소된 호주 사례에서
잘 알 수 있다.

나. 시민단체 주도

시민단체가 주도하는 대표적인 국가는 영국, 캐나다, 스위스 그리
고 동유럽 국가들이 다수 해당된다.

시행주체가 시민단체인 경우 다른 국가들에 비해 조금 더 진보적
인 관점으로 예산을 분석하고 대안을 모색하는 등의 특성을 지니고
있다. 하지만 예산을 편성하고 집행하는 등의 공식적인 권한이 없기
때문에 실제 예산 정책변화에 직접적인 영향을 행사하는 데 한계가
있다.

이는 오랜 시간 성인지 예산 운동을 주도해 온 영국의 WBG의 사
례를 통해 잘 알 수 있다. WBG는 약 20여 년간 성인지 예산 관련
운동을 해왔지만, 실제 예산에 반영된 사례는 많지 않으며, 비교적
최근에서야 재무부와 협력하여 예산 전 보고서(Pre-Budget Report)와
예산보고서(Budget Report)에 대한 논평을 제출하고 있다.

다. 국제기구 주도

국제기구가 주도하는 경우에는 각 국가의 상황과 맥락에 따라 재
정부나 여성부 등 정부기관과 협력하는 국가가 있고, 시민단체와 협
력하는 국가가 있다.

정부기관 중에서 재정부와 협력하는 국가로는 스리랑카, 네팔, 파

키스탄, 모로코, 나이지리아, 나미비아 등이 있으며, 여성부와 협력하는 국가는 인도, 필리핀, 말레이시아, 칠레 등이 있다. 반면, 시민단체와 협력하는 국가는 우간다, 브라질, 탄자니아, 남아프리카공화국, 멕시코 등이 있다.

국제기구가 주도하는 경우에 어느 기관과 협력하느냐에 따라 그 효과가 달라질 수 있는데, 먼저 정부기관(재정부 또는 여성부)과 협력하는 경우, 재정부 예산 지침서의 성인지적 고려가 비교적 잘 이루어지고, 성인지 예산서가 발간되는 가시적인 효과를 기대할 수 있다. 또한 정부 차원에서 관련 공무원들을 대상으로 하는 성인지 예산 관련 교육이나 세미나가 이루어지기 때문에 공무원들의 의식 개선에도 많은 영향을 미칠 수 있다.

다음으로 시민단체와 협력하는 경우, 정부와 협력하는 국가에 비해 비교적 성인지 예산 활동이 오래 지속된 경향이 있다. 이는 장기적인 관점에서 봤을 때, 국제기구의 지원이 없어지더라도 자생할 수 있는 원동력이 될 수 있다는 장점이 있다.

그러나 전반적으로 국제기구가 성인지 예산을 주도하는 국가들은 자국의 양성평등 향상을 위한 조치로 성인지 예산을 시행하기보다는 국제기구의 기술적·재정적 지원에 관심이 더 많았다. 따라서 국제기구의 지원을 받을 때는 형식적이기는 하지만 성인지 예산이 시행되다가 지원이 끊기면 관련 사업이나 프로젝트가 지지부진해지는 단점이 있다.

<표 II-3> 성인지 예산의 시행 주체에 따른 국가 구분

시행주체		해당 국가
정부(18국)		노르웨이, 덴마크, 독일, 벨기에, 불가리아, 스웨덴, 스페인, 아이슬란드, 아일랜드, 오스트리아, 이탈리아, 프랑스, 핀란드, 네덜란드, 베네수엘라, 한국, 뉴질랜드, 호주
시민단체(17국)		루마니아, 리투아니아, 슬로바키아, 알바니아, 에스토니아, 영국, 우크라이나, 크로아티아, 스위스, 폴란드, 헝가리, 체코, 요르단, 이스라엘, 아르헨티나, 미국, 캐나다
국제 기구 (38국)	정부기관 (23국)	스리랑카, 네팔, 파키스탄, 모로코, 나이지리아, 나미비아, 마케도니아, 가나, 이집트, 모리셔스, 에티오피아, 말리, 카메룬, 필리핀, 말레이시아, 칠레, 볼리비아, 몽골, 방글라데시, 인도네시아, 카자흐스탄, 코스타리카, 인도
	시민단체(15국)	탄자니아, 멕시코, 우간다, 남아프리카공화국, 브라질, 바레인, 예멘, 터키, 러시아, 그루지야, 몰도바, 보츠와나, 니카라과, 페루, 에콰도르

자료: 유엔여성(UN Women, www.gender-budgets.org), 김영옥 외(2007), 각 국가 홈페이지 및 유엔여성기금
(UNIFEM), 한국여성정책연구원 성인지 예산센터 발간 보고서를 참고하여 구성

4) 성인지 예산(제도)의 양성평등

성인지 예산(제도)에서 추구하는 양성평등은 경제적 자원 혹은 기회가 궁극적으로 남성과 여성에게 어떻게 배분되는지를 평가하여 예산집행에 있어 보다 양성평등한 결과를 가져오는 것을 목적으로 한다(김영옥 외, 2007). 따라서 양성평등을 위한 관심이 단지 여성에게 집중하여 자원 재배분(re-distribution)의 관점에 한정된다면 궁극적으로 성주류화를 지향하는 큰 틀에서의 변화를 기대하기는 어려울 것이다.

이에 스토츠키(Stotsky, 2006a, 2007)는 성인지 예산(제도)은 예산과정에서 추가적으로 여성을 위해 발생하는 예산이 아니라는 것을 강조하였으며, 성인지 예산이 실질적으로 여성의 사회·경제적 지위

향상을 가져올 수 있도록 예산편성 전 과정에 통합되어야 한다고 주장하였다. 그리고 양성평등 관련 이슈들은 각각의 분야에서 성불평등의 정도를 개선하기 위한 개별 정책이나 재배분의 차원이 아니라 중장기적인 경제성장 및 발전을 위한 생산요소로서의 자원배분(resource allocation)의 관점에서 바라볼 필요가 있다고 하였다.

스토츠키(Stotsky, 2006a)를 비롯한 젠더 경제학자들은 성불평등이 감소할 때 긍정적 외부효과가 발생한다는 연구결과[16]를 바탕으로 예산편성에 성인지적 관점을 적극 반영해야 하며, 양성평등의 문제는 중장기적 관점에서 보다 종합적으로 분석될 필요가 있다고 강조하고 있다. 따라서 최근에는 거시경제학적 관점에서 양성평등과 성인지 예산을 연계하는 연구도 활발히 진행되고 있다.[17]

가. 양성평등

위키젠더(Wikigender)에 의하면 양성평등이란, 성에 근거한 개인 간 명백하거나 묵시적인 차별이 없는 것을 의미하며, 세계경제포럼(WEF, 2014)에 따르면 우리 사회 모든 삶의 영역에서 실현되어야 하는 것으로 사회정의 실현이라는 기본정신에서 출발하며, 남녀 모든 사회구성원이 인간으로서의 존엄을 보장받고 스스로의 능력을

---

16) 스토츠키(Stotsky, 2006a)는 성인지 예산이 예산연구의 비주류로 간주되는 경향에 대해 성인지 예산이 내포하는 긍정적 외부효과론을 가지고 정면으로 반박하였다. 즉, 성인지 예산이 교육, 고용, 복지 분야에서 여성의 기회가 신장됨에 따라 유발되는 긍정적 외부효과를 적절히 책임지는 "좋은 예산수립(good budgeting)"이라는 주장을 골자로 한다(임성일 외, 2013 재인용).

17) 홍태희(2010)는 그의 연구에서 성인지적 관점에서 거시경제의 제도를 재해석하였으며, 대안적 거시경제의 사례로 성인지 예산 연구를 제시함으로써 성인지 예산(제도)과 거시경제 정책의 연계 연구가 중요하다는 것을 시사하였다.

개발·활용할 기회가 균등히 주어지는 실질적 평등이 실현되는 사회를 의미한다(김재인 외, 2007; Kim & Jung, 1999).

그리고 세계은행의 세계 발전 보고서(World Development Report, 2012)에서는 양성평등을 "현명한 경제(smart economics)"라고 명명하고, 양성평등을 추구하는 경제 정책들이 경제적 효율성을 증가시키고 몇 가지 측면에서 경제 발전을 가져온다고 설명하고 있다.[18]

양성평등은 논자에 따라 남녀평등, 양성평등, 성인지적 관점 갖기, 성평등 등으로 부르는데, 이는 접근 방법의 차이에서 기인한 것으로 그 의미는 모두 같다고 볼 수 있다(김재인 외, 2007).

일반적으로 국제사회에서 양성평등은 Gender Equality로 많이 쓰이지만, 젠더학자들은 열악한 조건의 사람에게 복지적 혜택을 주어 정상수준으로 끌어올린다는 뜻을 내포하고 있는 Gender Equity라는 용어를 더 많이 사용하려 한다. 이렇듯 양성평등은 인권 혹은 기회의 평등이라는 당위적인 차원에서 많이 논의되어 왔으며, 남성 중심의 기존 사회에서 여성이 갖는 사회·문화적인 불리한 여건과 교육 및 경제활동에서의 불평등 등에 대해 객관적으로 접근하여 시정하려는 활동을 통해 전개·발전되었다(김재인 외, 2000).

그러나 사회구성원들 중에서는 양성평등의 의미를 '여성을 위한' 정책이나 제도 등으로 오해하는 경향이 있다. 하지만 양성평등 정책은 오랜 시간 상대적으로 남성에 비해 사회적 불평등을 체험한 여성

---

18) 첫째, 교육, 경제활동에 대한 여성의 차별을 제거할 때 세계 시장에서 더 높은 경쟁력을 갖게 된다. 둘째, 여성의 절대적이고 상대적인 사회경제적 지위가 향상될 때 질 높은 자녀 양육을 포함한 여러 분야에서 발전이 이루어진다. 셋째, 남성과 여성이 동등한 위치에서 주요한 의사 결정에 참여하게 됨으로써 사회통합적인 정책과 제도 형성에 도움이 된다고 하였다(세계발전 보고서, 2012).

에게 인간으로서 누려야 할 보편타당한 권리를 회복시키고, 사회적으로 불평등한 처우를 유발하는 제도 및 환경, 그리고 인식을 개선하여 궁극적으로 남성과 여성 모두가 평등한 사회를 지향하려는 취지에서 출발하였다는 것을 상기할 필요가 있다(김재인 외, 2000).

일반적으로 정책이라는 것은 사회구조나 제도의 수준에서 문제해결의 기반을 제공하는 것을 뜻하는데, 국가에서 양성평등 정책을 시행하는 이유는 양성평등한 사회가 지속가능한 성장을 이룰 수 있고, 저출산·고령화 시대의 대안으로써 사회발전에 필수적이기 때문이다. 여기서 지속가능한 성장이 중요한 이유는 경제적 발전이나 그 자체에 어떤 내재적 가치를 두고 있는 것이 아니라, 지속가능한 성장을 통해 여성은 물론 사회구성원 모두가 누리는 삶의 질(quality of life)을 개선하고 그들의 자아실현을 돕는 수단으로 작용할 수 있기 때문이다(이우진, 2010).

국가가 양성평등 정책을 시행함으로써 나타나게 되는 특징은 다음과 같다. 첫째, 양성평등은 가치지향적인 어젠다(agenda)이기 때문에 국가 우선순위에서 밀려나게 될 가능성이 크지만, 일단 정부에 의해서 채택된 정책 문제는 해결을 위한 하나의 청사진으로써 문제해결의 출발점이 될 수 있다. 둘째, 복잡하고 다차원적인 양성평등의 문제에 있어 일관성 있는 행동 지침을 제공해준다. 셋째, 기존 환경의 변화를 가져온다. 완전히 새로운 체제는 아니더라도 기존 환경 내에서 의식적으로 변화하기 위해 노력하기 때문이다. 넷째, 규범적 처방이 된다. 예를 들어 남녀고용평등법은 노동시장에서 여성고용의 가치 내지 목표체계가 됨으로써 여성 노동 관련자들의 행동에 직접적인 영향을 미친다.

이러한 이유로 국가는 양성평등 정책을 시행해야 하며, 정책 실현의 중요한 관건이 되는 성인지 예산에 관심을 가져야만 한다.

나. 국가별 양성평등 수준

양성평등은 복합적(complexity)이고 다차원적인(multidimensional) 개념이기 때문에 국제사회에서 각 국가의 양성평등을 비교하기 위하여 양성평등지수를 고안하였다(Permanyer, 2010).

현재 국제사회에서 통용되는 양성평등지수는 유엔개발계획(UNDP)의 남녀평등지수(GDI: Gender Development Index), 여성권한척도(GEM: Gender Empowerment Measure), 성불평등지수(GII: Gender Inequality Index)가 있고, 소셜 워치(Social Watch)의 성 형평 지수(GEI: Gender Equity Index), 경제협력개발기구(OECD)의 사회제도와 성 지수(SIGI: Social Institutions and Gender Index), 세계경제포럼(World Economic Forum)의 성 격차 지수(GGI: Gender Gap Index) 등 크게 여섯 가지가 있다(차용진, 2012; Mecatti et al., 2012).

먼저 유엔개발계획(UNDP)의 남녀평등지수(GDI)는 건강, 교육, 소득수준에서 인간개발지수(HDI: Human Development Index)[19]와의 지수 차이를 통해 성불평등 정도를 나타내고 있다. 그리고 남녀 간의 성취수준이 얼마나 평등하게 이루어지고 있는지 나타낸다. 그러나 인간개발지수와 동일한 지표로 성취수준이 측정되며, 성불평등

---

19) 문자해독률과 평균수명, 1인당 실질국민소득 등을 토대로 각 나라의 선진화 정도를 평가하는 수치를 말한다. 인간의 행복이나 발전 정도는 소득수준과 비례하지 않고, 소득을 얼마나 현명하게 사용하느냐에 달려 있음을 보여주는 지수이다. 비물질적인 요소까지 측정대상으로 삼는다는 점에서 국민총생산(GNP)과 구별된다(UNDP, 2013).

이 있을 경우 페널티가 부여되어 산정되기 때문에 인간개발지수와 독립적이지 않다는 한계가 지적된다(Bardhan, 2000).

여성권한척도(GEM)는 정치, 경제, 의사결정에서 여성 참여 기회에 대한 불평등 정도를 나타내는데, 1995년 이래 여성권한척도는 2000년 후반까지 국제적으로 양성평등 관련 연구에서 가장 많이 활용되었다. 그러나 지표의 개념이 명확하지 않고, 고위직에서의 양성평등 정도를 평가함으로써 일부 여성만을 대변한다는 비판을 받아왔다.

이에 유엔개발계획(UNDP)은 기존의 양성평등지수의 문제점을 보완하여 2010년 새로운 성 불평등 지수(GII)를 발표하였다. 성 불평등 지수(GII)는 앳킨슨(Atkinson, 1970)의 불평등 지수 산정방식을 적용하여 여성 관련 제도의 정책적 보장 여부와 같은 인프라 수준을 평가하였다. 그러나 국가비교를 위한 지표의 신뢰성, 자료 확보의 문제점 등이 한계로 지적되고 있다(UNDP, 2010).

소셜 워치(Social Watch)의 성 형평 지수(GEI)는 교육, 경제참여, 권한에서 성 격차 정도로 불평등을 나타낸다. 2004년부터 각 국가를 대상으로 발표하고 있으나, 국가수준에서 성불평등의 절대적 수준이 아닌 국가 간 불평등의 정도만을 비교하는 한계가 있어 많이 활용되지 않는다.

경제협력개발기구(OECD)의 사회제도와 성 지수(SIGI)는 2009년 기존의 젠더, 제도와 개발(GID: Gender, Institution and Development) 데이터베이스에 기초하여 발표한 양성평등지수로 성불평등을 야기하는 전통, 사회규범, 문화적 관습 등의 투입지표에 초점을 두고 개발한 특징이 있다. 그러나 다른 성격의 지표들을 임의적으로 구성함으로써 타당성의 문제가 제기되어 많이 활용되지 않는다.

마지막으로 2006년부터 세계경제포럼(WEF)이 발표하는 성 격차 지수(GGI)가 있다. 여성의 경제참여 및 기회, 교육, 건강 및 생존, 정치권한 등을 측정하였으며, 다른 양성평등지수와 달리 양성평등의 수준보다는 격차를 측정함으로써 양성평등의 정도를 나타냈다. 이 지수 역시 다른 지표와 같이 신뢰성 및 타당도의 문제를 지적받고 있다(차용진, 2012). 그러나 최근 메까띠 외(Mecatti et al, 2012)의 연구에 따르면 현재 활용되는 양성평등지수들은 태생적 한계가 있음에도 불구하고 지속적으로 수정·보완되고 있다는 점에 주목할 필요가 있다고 하였다. 그리고 세계경제포럼의 성 격차 지수는 기존 양성평등지수와 달리 국가 내 성 격차를 측정함으로써 국가들 간의 상대적인 양성평등 수준이 아닌 각각의 국가에 대한 양성평등 정도를 알 수 있으므로 국가 간 비교 연구에 더욱 적합하다고 하였다. 이에 최근 전 세계적으로 국가 간 양성평등 비교 연구에 있어 가장 많이 활용되고 있는 추세이다.

<표 II-4> 양성평등지수 주요 특징

지수	특징
성 격차 지수(GGI)	여성의 경제참여 및 기회, 교육, 건강 및 생존, 정치권한에서 성 격차 정도
남녀평등 지수(GDI)	건강, 교육, 소득수준에서 HDI와의 지수 차이 통해 성불평등 정도
여성권한척도(GEM)	정치, 경제, 의사결정에서 여성참여기회에 대한 불평등 정도
성불평등 지수(GII)	생식보건, 권한, 노동시장에 대한 불평등 정도
성 형평 지수(GEI)	교육, 경제참여, 권한에서 성 격차 정도
사회제도와 성 지수(SIGI)	전통, 사회규범, 문화적 관습 등의 투입지표에 초점

자료: 차용진(2012) 재구성

현재 국제사회에서 가장 많이 언급되고, 활용되는 세계경제포럼의 성 격차 지수에 대해서 구체적으로 살펴보도록 하겠다.

세계경제포럼의 성 격차 지수는 다음 세 가지 기준에 의해서 측정되고 있다. 첫째, 수준(Level)보다 격차(Gap)를 측정한다. 둘째, 국가의 특성, 정책, 문화, 관습 등의 투입지표(Input Indicatior)는 지수 산정에 활용하지 않고 성과지표(Outcome Indicatior)를 측정한다. 셋째, 여성의 권한보다 성 격차에 초점을 두고 측정한다(WEF, 2014).

세계경제포럼(2014)에 의하면, 성 격차 지수는 국가별 객관적 성 격차를 파악하고, 지역 및 국가 간 성 격차를 비교·평가하기 위한 목적으로 개발되었다. 성 격차 지수의 산정방법은 모든 지표 측정값을 성 비율(Female to Male Ratio)로 전환하여 표준화하고, 지표 특정값의 표준편차 역수를 가중치로 부여하여 성 격차가 큰 국가는 상대적으로 페널티를 받도록 산정하였다. 그리고 지표의 평등지점을 1인 완전평등 지점으로 기준하여 이를 초과할 경우 모두 1로 절삭하였다. 따라서 이 지수는 성 격차가 감소할수록 평등한 국가로 가정하고 있다.

성 격차 지수는 총 14개의 측정지표가 있으며, 다양한 자료원을 활용하여 데이터를 수집하고 있는데 국제노동기구(ILO: International Labour Organization), 유엔개발계획(UNDP), 유네스코(UNESCO), 세계은행(World Bank), 세계보건기구(WHO: World Health Organization), 미국중앙정보국(CIA: Central Intelligence Agency), 미국통계국(U.S. Census Bureal), 세계 각료의 설문자료를 활용하여 구성하였다. 성 격차 지수의 핵심 구성요인 및 측정지표의 상세한 내용은 <표 Ⅱ-5>에 제시하였다.

<표 II-5> 성 격차 지수 핵심 구성요인 및 측정자료

구분	요인	자료	측정	출처
구 성 요 인	경제 참여 및 기회	노동력 참여	남성 대비 여성노동력 참여비율	ILO, UNDP
		임금	남성 대비 여성임금 평등비율	
		예상소득	남성 대비 예상 여성소득 비율	
		입법부 의원, 고위공무원, 관리자	남성 대비 여성 입법부 의원, 고위공무원, 관리자 비율	
		전문가 및 엔지니어	남성 대비 여성 전문가, 엔지니어 비율	
	교육 성취	문해율	남성 대비 여성 문해율(읽고 쓰는 능력)	UNDP, UNESCO, WorldBank
		초등교육 등록률	남성 대비 여성 초등교육 등록 비율	
		중등교육 등록률	남성 대비 여성 중등교육 등록 비율	
		서비스 부분 교육 등록률	남성 대비 서비스 부분 교육 등록 비율	
	건강 및 생존	출생 성비율	남성 대비 출생 시 여성비율	WHO CIA U.S. CENSUS BUREAU
		건강 기대 수명	남성 대비 여성 건강 기대 수명	
	정치 권한	의회 여성	남성 대비 의회 여성의석 비율	UNDP, 설문
		장관급 여성	남성 대비 장관급 여성 비율	
		정부 수장 여성	여성 정부 수장 재임연수	

자료: 세계경제포럼(2014)

2. 성인지 예산의 제도화

1) 성인지 예산의 제도화 과정

일반적으로 학자들 간 견해의 차이는 있지만 제도화에 대한 많은
연구들은 제도화에 일반화된 유형이 있다는 것을 보여 준다. 일반적
인 제도화 유형은 <그림 II-1>과 같이 S자 형태의 곡선으로 나타난다.

이를 구체적으로 설명하면, 먼저 제도가 도입되는 단계로 사회적 환경이 변화함에 따라 사회구성원들에게 새로운 목표가 처음으로 인식되고 몇몇 행위자들로부터 받아들여지는 시기, 제도가 특정 영역에서 빠르게 확산되고 수용되는 시기, 다음으로 제도가 입법화되는 시기, 제도가 안정적으로 정착하는 시기 등으로 구분된다(Lawrence, Winn, & Jennings, 2001; Leblebici et al., 1994; Meyer & Rowan, 1977; Strang & Tumam, 1993; Tolbert & Zucker, 1983; Zucker, 1977; 임동완, 2007 재인용).

일반적인 제도화 유형과 같이 성인지 예산의 제도화 과정을 <그림 Ⅱ-2>와 같이 나타낼 수 있다. 일반적인 제도화 유형은 형성기와 안정기로 구분하지만, 이 연구에서는 성인지 예산 제도화 과정의 특성을 반영하여 형성기, 활동기, 안정기[20]로 구분하였다.

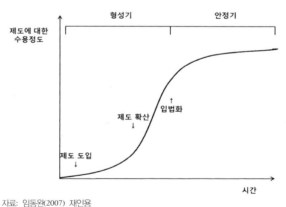

자료: 임동완(2007) 재인용

<그림 Ⅱ-1> 일반적인 제도화 유형

---

20) 안정기는 넓은 의미에서 성인지 예산제도가 효율적으로 운영되는 것까지 포함할 수 있지만, 좁은 의미에서 법률적·절차적으로 성인지 예산제도가 도입된 경우도 안정기로 구분할 수 있다. 이 연구에서는 좁은 의미에서 성인지 예산제도가 관련법에 근거하여 실시되고 있으며, 성인지 예산서 및 관련 문서를 작성하여 국회에 제출하는 경우 안정기에 속한다고 판단하였다.

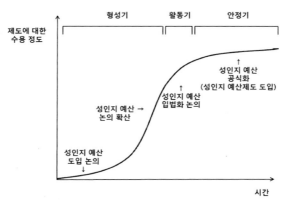

자료: 임동완(2007)의 일반적인 제도화 유형을 참고하여 재구성

<그림 II-2> 성인지 예산의 제도화 과정

성인지 예산의 제도화 과정 중 형성기에 해당하는 시기는 1995년 북경세계여성대회를 계기로 전 세계에 성인지 예산의 필요성과 중요성이 알려진 시기가 해당된다. 일부 선진국에서만 시행되던 성인지 예산이 전 세계로 확산되는 시점이기도 하다. 2000년 초반에는 성인지 예산에 대한 개념적 틀이 잡히고, 학문적 논의가 체계적으로 이루어지면서 성인지 예산에 대한 논의가 빠르게 확산된다. 따라서 1990년대 후반 성인지 예산을 시행하던 국가는 약 40여 개국에 불과했으나, 2000년 초중반이 되어서는 60여 개 국가로 늘어난다(Budlender & Hewitt, 2003).

활동기에 해당하는 시기는 성인지 예산에 대한 논의가 구체화되어 더 이상 말이나 문서가 아닌 실제적인 힘을 발휘할 수 있도록 제도화해야 한다는 입법화의 움직임이 있는 시기이다. 우리나라도 이때 세계적인 기류에 편승하여 2006년 국가재정법에 성인지 예산 관련 근거 조항이 명시되는 쾌거를 이룬다.

안정기에 해당하는 시기는 성인지 예산이 국가로부터 공식화되어 제도로써 그 역할을 하는 시기를 말한다. 이때는 성인지 예산제도를 도입하여 효율적으로 운영하는 것뿐만 아니라 외부 환경의 변화로부터 영향을 받지 않을 수 있도록 법률적·절차적인 측면에서 형식적 요건을 갖춘 경우도 안정기로 포함한다.

성인지 예산의 제도화 과정에 따른 국가 현황을 살펴보면, 전 세계 229개 국가 중에서 성인지 예산을 시행하고 있는 국가는 약 120여 개국이고, 이 중에서 형성기에 속하는 국가는 약 70여 개국이며, 활동기에 속하는 국가는 약 8개국이고, 성인지 예산제도를 도입하여 시행하고 있는 안정기 국가는 약 30여 개국에 이른다. 이를 간단히 표로 나타내면 <표 Ⅱ-6>, <표 Ⅱ-7>과 같다(www.gender-budgets. org).

<표 Ⅱ-6> 성인지 예산의 제도화-형성기 국가 현황

지역구분	국 가 명
유럽(22)	크로아티아, 체코, 러시아, 세르비아, 폴란드, 보스니아헤르체고비나, 몬테그로, 슬로바키아, 슬로베니아, 루마니아, 에스토니아, 리투아니아, 라트비아, 우크라이나, 몰도바, 그루지야, 사이프러스, 아르메니아, 아제르바이잔, 헝가리, 벨라루스, 몰타 등
중동(7)	레바논, 요르단, 터키, 시리아, 팔레스타인, 아프가니스탄, 예멘
아프리카(23)	나미비아, 나이지리아, 에티오피아, 카메룬, 보츠와나, 케냐, 말라위, 모잠비크, 세네갈, 짐바브웨, 스와질란드, 잠비아, 부룬디, 파나마, 알제리, 자메이카, 중앙아프리카공화국, 수단, 레소토, 시에라리온, 말리, 콩고, 부르키나파소
남아메리카(15)	바베이도스, 브라질, 칠레, 에콰도르, 엘살바도르, 페루, 세인트키츠네비스, 니카라과, 아이티, 온두라스, 파라과이, 도미니카공화국, 벨리즈, 쿠바, 콜롬비아
북아메리카(1)	미국
아시아(7)	태국, 베트남, 캄보디아, 동티모르, 키르기스스탄, 타지키스탄, 카자흐스탄
오세아니아(3)[주]	피지, 마셜제도, 사모아

자료: Budlender & Hewitt(2003), 김영옥 외(2007)의 연구를 바탕으로 2011년 현재 UN Women 성인지 예산 홈페이지(http://www.gender-budgets.org), 한국여성정책연구원 성인지 예산센터 홈페이지(www.gb.kwdi.re.kr)를 참조하였으며, 최신자료는 2014년 기준 개별 국가에 관한 문헌 및 인터넷 자료, 신문기사를 근거로 각 국가 홈페이지를 통해 확인하였음.
주) 합계: 78개 국가

<표 II-7> 성인지 예산의 제도화 - 활동기* & 안정기 국가 현황

지역구분	국 가 명
유럽(19)	핀란드, 프랑스, 이탈리아, 오스트리아, 영국, 알바니아, 아일랜드, 아이슬란드, 스페인, 스웨덴, 불가리아, 벨기에 마케도니아*, 독일, 덴마크, 노르웨이, 네덜란드, 스코틀랜드*, 스위스*
중동(1)	이스라엘*
아프리카(7)	모리셔스*, 르완다, 탄자니아, 이집트, 우간다, 모로코, 남아프리카공화국
남아메리카(6)	아르헨티나, 볼리비아, 베네수엘라, 멕시코, 코스타리카, 페루*
북아메리카(1)	캐나다
아시아(9)	한국, 필리핀, 파키스탄, 인도, 스리랑카, 방글라데시, 말레이시아, 네팔, 인도네시아
오세아니아(2)^{주)}	호주*, 뉴질랜드*

자료: Budlender & Hewitt(2003), 김영옥 외(2007)의 연구를 바탕으로 2011년 현재 UN Women 성인지 예산 홈페이지(http://www.gender-budgets.org), 한국여성정책연구원 성인지 예산센터 홈페이지(www.gb.kwdi.re.kr)를 참조하였으며, 최신자료는 2014년 기준 개별 국가에 관한 문헌 및 인터넷 자료, 신문기사를 근거로 각 국가 홈페이지를 통해 확인하였음.
주) 합계: 45개 국가

2) 성인지 예산의 제도화 수준

가. 성인지 예산의 제도화 수준 구분

성인지 예산의 제도화 수준을 구분한 대표적인 연구는 영연방 국가들의 재무장관 회의 보고서(2005)와 김영옥 외(2007)의 연구이다. 영연방 국가들의 재무장관 회의 보고서에 의하면 성인지 예산의 제도화 수준은 4단계로 구분되며, 김영옥 외의 연구에서는 5단계로 구분한다. 이에 대한 구체적인 내용은 다음과 같다.

(1) 성인지 예산의 제도화 수준 4단계
영연방 국가들의 재무장관 회의 보고서(2005)에 따르면, 성인지 예산의 제도화 수준은 4단계로 구분할 수 있다. 1단계 여건조성(EB: Environment Building), 2단계 개시(SU: Start Up), 3단계 분석에서 실천으로의 이전(AA: Analysis to Action), 4단계 효과와 제도화(II: Impacts and Institutionalization)이다.

먼저 1단계는 여건조성 단계로, 성인지 예산에 대한 인식이 이루어지는 단계이다. 간헐적인 활동을 통해 성인지 예산 관련 토론회 개최 및 워크숍을 진행하고, 사전수요평가 등을 실시한다. 정부와 시민단체 모두에 의해 주도될 수 있지만, 개발도상국가에서는 국제기구나 각 국가 내 시민단체들이 주도하는 경향이 크다.

2단계는 개시단계로 주로 정부 내의 여성부 또는 시민단체(특히 여성단체)에 의해서 주도되며, 정부 부처 및 관련 분과 내에서 체계적인 노력이 이루어지는 단계이다. 1단계와 달리 지속적인 모니터링이 이루어지고, 정부에 압력을 행사하기도 한다. 성인지 예산의 개념, 성인지 예산의 도구 및 방법론 등의 연구와 관련하여 다양한 이해관계자들의 이해가 고조되어 있는 단계이기도 하다.

3단계는 분석에서 활동으로의 전환 단계로 예산과정에 성인지적 관점을 통합시키기 위해 재무부 내지 행정각부가 성인지 예산 발의를 실시한다. 성인지 예산을 일반 예산과정에 통합시켰거나, 혹은 통합시키려고 하는 단계로 성인지 예산의 공식적인 승인 이전 단계로 볼 수 있다.

마지막으로 4단계는 효과와 제도화 단계이다. 시범적으로 시행하던 성인지 예산의 전면적인 적용이 이루어지고, 재무 자원의 배분 효과를 평가할 수 있다. 성인지 예산이 제도로써 안정적으로 정착하게 된 경우에 해당된다. 경우에 따라서 성인지 예산을 체계적으로 수행하기 위한 부처 간 조정기구가 설치되기도 한다(Commonwealth Secretariat, 2005; 문광민·임동완, 2008). 위 내용을 간략하게 요약하면 <표 Ⅱ-8>과 같다.

<표 Ⅱ-8> 영연방 재무장관 회의를 기준으로 한 성인지 예산의 제도화 수준 (4단계)

제도화 수준 구분		내용요약
1단계	여건조성	· 성인지 예산에 대한 인식 단계 · 토론회를 개최하거나 워크숍 등을 진행 · 사전수요 평가 실시 · 지속적이지 않고 간헐적인 활동 · 정부 또는 시민사회단체 모두가 행위자
2단계	개시	· 정부 내의 여성부 또는 여성단체가 주도 · 정부부처 및 관련 분야 내에서 체계적인 노력이 이루어짐 · 지속적인 모니터링이 이루어짐 · 성인지 예산의 개념, 도구 및 방법론 등 연구와 관련하여 다양한 이해관계자들의 이해 고조
3단계	분석에서 실천으로의 이전	· 예산과정에 성인지적 관점을 통합시키기 위해 재무부 내지 행정각부가 성인지 예산 발의를 실시 · 체계적으로 성인지 예산을 일반 예산과정에 통합시키고 있거나 혹은 이를 통합시키려 함 · 성인지 예산의 제도화 과정 중 안정기에 들어서는 단계
4단계	효과와 제도화	· 성인지 예산이 전면적으로 적용됨 · 재무 자원의 배분적 효과 평가 가능 · 성인지 예산제도가 시행됨 · 부처 간 조정기구가 설치되기도 함

자료: Commonwealth Secretariat(2005), 문광민·임동완(2008)의 연구를 참고하여 구성

(2) 성인지 예산의 제도화 수준 5단계

김영옥 외(2007)의 연구에 따르면, 성인지 예산의 제도화 수준은 1단계 의제화, 2단계 시민단체 주도 예산 분석, 3단계 정부 주도 예산 분석, 4단계 예산 분석 부분 적용, 5단계 예산 편성 일반화 단계로 총 5단계로 구분할 수 있다.

먼저 1단계는 의제화 단계로 성인지 예산의 필요와 중요성에 대한 공감대를 형성하기 위하여 다양한 행위자들 간의 토론이 이루어지고, 워크숍이 개최된다. 정부와 시민단체 모두에 의해 주도될 수 있지만, 개발도상국에서는 국제기구나 각 국가 내 시민단체들이 주도하는 경향이 크다.

2단계는 시민단체가 주도하는 예산 분석 단계로 1단계와 달리 보다 세련되고 지속적인 예산 분석 결과물을 발간하며, 정부에 압력을 행사할 수도 있다. 시민단체는 자체적으로 또는 국제기구와 협력하여 지속적으로 예산 분석 사업을 시행하고, 성불평등한 예산 분배에 대해 모니터링하면서 성인지 예산의 제도화를 위한 사회적 여론을 조성해 간다.

3단계는 제도화를 위한 사전단계로서 정부 주도하에 예산 분석이 이루어지는 단계이다. 다양한 성인지 예산 도구와 방법론을 개발하고, 매뉴얼을 구성하며, 공무원 대상 교육이 실시된다. 정부는 단독으로 혹은 외부 전문가들과 함께 몇몇 부처 또는 프로젝트 사업을 선정하여 예산 분석 과정에 참여한다.

4단계는 예산과정으로의 적용 단계로 성인지 예산이 제도로 정착하기 이전 단계이다. 예산편성 과정에서 공무원들이 활용할 수 있도록 예산 편성 지침에 젠더를 포함하거나 별도의 지침서를 제공한다. 집행부서 공무원들은 이 지침에 근거하여 예산안을 작성하지만, 강제적인 의무가 아닌 권고 수준이다. 그리고 모든 부처에 해당되지 않고, 특정 부처를 지정하여 지침을 따르도록 하고 있다.

마지막으로 5단계는 예산편성 단계에서 전면적인 적용이 이루어지는 단계이다. 4단계에서는 성인지적 예산편성이 3~5개 부처에만 부분적으로 적용되거나 부처의 자율에 의해서 시행되었다면, 5단계에서는 10개 이상의 부처에 적용되면서 동시에 해당 회계연도 전체 예산 또는 대상 부처의 예산에 대한 총괄적인 분석을 포함하는 예산서를 발간한다. 또한 이를 체계적으로 수행하기 위하여 부처 간 조정기구가 설치되기도 한다(김영옥 외, 2007). 위 내용을 간략하게 요약하면 <표 II-9>와 같다.

<표 II-9> 김영옥 외의 연구를 기준으로 한 성인지 예산의 제도화 수준 (5단계)

제도화 수준 구분		내용요약
1단계	의제화	• 성인지 예산의 필요와 중요성에 대한 공감대 형성을 위해 토론회와 워크숍 개최 • 정부 또는 시민사회단체 모두가 행위자
2단계	시민사회단체 주도 분석	• 시민단체의 주도하에 예산 분석 • 정부기구에 압력을 행사할 수 있음 • 지속적인 예산 분석 결과물을 발간하고, 성불평등한 예산 분배 모니터링 실시 • 성인지 예산의 제도화를 위한 사회적 여론 조성
3단계	정부 주도 분석	• 정부 주도하에 예산 분석 • 성인지 예산 도구와 방법론 개발 및 매뉴얼 구성 • 공무원을 대상으로 하는 성인지적 예산 교육 실시 • 정부는 단독 혹은 외부 전문가들과 함께 몇몇 부처 또는 프로젝트 사업을 선정하여 예산 분석 과정에 참여
4단계	예산편성 부분 적용	• 정부 기구 내 제도화에 진입한 단계 • 예산 편성을 위한 지침을 제공하여 분석결과를 부분적으로 예산과정에 반영하는 부분적용 단계
5단계	예산편성 일반화	• 예산 편성 시 다양한 부처에서 젠더 분석을 수행하고 예산서를 발간하는 단계 • 부처 간 조정기구가 설치되기도 함

자료: 김영옥 외(2007)의 연구를 참고하여 구성

나. 각 국가의 성인지 예산의 제도화 수준

성인지 예산의 제도화 수준에 따른 국가 구분은 영연방 국가들의 재무장관 회의 보고서를 기준으로 연구한 문광민·임동완(2008)과 김영옥 외(2007)의 연구를 참고하였다.

먼저 문광민·임동완(2008)의 연구는 영연방 재무장관 회의 보고서를 바탕으로 하여 성인지 예산의 제도화 수준을 4단계로 구분하였으며, 유엔여성기금(UNIFEM, 2005)의 연구 보고서 및 관련 기타 연구 자료를 참고하여 2005년 현재 여러 국가의 성인지 예산의 제도화 수준을 측정하고 분류하였다(김영옥 외, 2007; 윤용중, 2006; Bakker, 2006; Bakker & Elson, 1998; Budlender(eds.), 1996, 1997, 1998, 2000; Budlender et al., 2001; Budlender & Hewitt, 2003; Commonwealth Secretariat, 2005; Himmelweit, 1999; Rake, 2002; Sawer, 2002; Sharp & Broomhill, 2002).

또한 그들은 성인지 예산제도 도입 이전 단계(1단계, 2단계)와 성인지 예산제도 도입 이후 단계(3단계, 4단계)로 구분하여 이분화하기도 하였다. 단계별로 해당 국가들을 분류하면 <표 Ⅱ-10>과 같다.

<표 Ⅱ-10> 각 국가의 성인지 예산의 제도화 수준 (4단계)

제도화 수준			해당 국가
제도 도입 이전 단계	1단계	여건 조성(15)	방글라데시, 바베이도스, 보츠와나, 불가리아, 감비아, 레소토, 몰타, 모리셔스, 모잠비크, 나미비아, 사모아, 스와질란드, 트리드나드토바고, 미국, 잠비아
	2단계	개시(19)	오스트리아, 벨기에, 볼리비아, 브라질, 칠레, 프랑스, 독일, 아이슬란드, 아일랜드, 이탈리아, 멕시코, 네팔, 페루, 에콰도르, 폴란드, 러시아, 스리랑카, 스위스, 영국
제도 도입 이후 단계	3단계	분석에서 실천으로의 이전(6)	호주, 인도, 케냐, 남아프리카공화국, 탄자니아, 우간다
	4단계	효과와 제도화(10)	캐나다, 덴마크, 핀란드, 말레이시아, 모로코, 네덜란드, 노르웨이, 파키스탄, 필리핀, 스웨덴

자료: 문광민·임동완(2008) 재인용

다음으로 김영옥 외(2007)의 연구를 살펴보면, 기본적으로 영연방 재무장관 회의 보고서를 기초로 하고 있지만, 문광민·임동완의 연구와 다른 점은 영연방 재무장관 회의 보고서의 2단계인 개시 단계를 시민단체 주도 예산 분석과 정부 주도 예산 분석으로 각각 나누어 총 5단계로 구분하고 있다는 것이다. 단계별로 해당 국가들을 분류하면 <표 Ⅱ-11>과 같다.

<표 Ⅱ-11> 각 국가의 성인지 예산의 제도화 수준 (5단계)

제도화 수준		해당 국가
1단계	의제화(8)	캐나다, 미국, 불가리아, 체코, 네덜란드, 인도네시아, 니카라과, 터키
2단계	시민사회 주도 분석(7)	남아프리카 공화국, 폴란드, 브라질, 페루, 에콰도르, 볼리비아, 러시아
3단계	정부 주도 분석(15)	스리랑카, 영국, 벨기에, 독일, 아일랜드, 이탈리아, 오스트리아, 아이슬란드, 스위스, 칠레, 멕시코, 샌프란시스코, 모잠비크, 나이지리아, 나미비아
4단계	예산편성 부분적용(5)	탄자니아, 우간다, 말레이시아, 네팔, 르완다
5단계	예산편성 일반화(10)	호주, 프랑스, 스웨덴, 노르웨이, 덴마크, 핀란드, 인도, 필리핀, 파키스탄, 모로코

자료: 김영옥 외(2007) 재인용

3. 성인지 예산의 세계적 동향

1995년 북경세계여성대회를 계기로 UN은 성인지적 관점의 중요성을 인식하였으며, 이후 성주류화(Gender Mainstreaming)를 국가의 모든 정책에 점진적으로 적용하여 성(Gender)을 기준으로 하는 모든 불평등한 요소들을 제거해 나가기로 결의하였다. 이에 2000년 중반부터 여성 관련 쟁점들은 정책영역에서 구체적인 대안을 모색하는 경향으로 변화하였고, 자연스럽게 여성정책의 쟁점은 정책 실현의 중요한 관건이 되는 예산으로 옮겨가게 되었다(김경희, 2003; Sharp, 2005). 이는 성인지 예산이 성중립적으로 보이지만 사실은 성불평등을 유지시키고 있거나 혹은 악화시키고 있기 때문에 예산에 대한 성인지적 접근이 필요하다는 문제의식에서 출발한다고 할 수 있다(Budlender & Sharp, 1998; 문광민·임동완, 2008; 차인순, 2005).

성인지 예산은 1984년 세계 최초로 성인지 예산제도를 도입한 호주를 필두로 1990년대 중반부터는 정치적인 요구와 사회적 필요에 의해 도입한 유럽국가들 외에 국제기구의 다양한 글로벌 프로젝트를 통해 아프리카, 남미, 아시아 지역에까지 전 세계적으로 확산되었다. 국제기구는 프로젝트를 시행하는 동안 기술적·재정적으로 적극 지원하였고, 향후 연계된 사업을 통해 성인지 예산이 지속될 수 있도록 노력하였다(배준식 외, 2009; 홍미영 외, 2013).

그러나 엘슨(Elson, 2004)과 버들렌더(Budlender, 2000)에 의하면 국제기구의 지원을 받고 성인지 예산을 시작한 대부분의 개발도상국들은 성인지 예산에 대한 이해나 국가 자체의 필요보다 재정적 지원에 더 많은 관심을 가지는 경향을 보였으며, 성인지 예산제도를 도입한 이유도 국제기구에서의 지원 선호도를 높이기 위한 것으로 성인지 예산의 궁극적인 목적인 양성평등한 사회 구현에 걸림돌이 될 수 있음을 지적하였다.

독일의 젠더학자인 프레이(Frey, 2008) 역시 국제기구의 지원을 받는 국가들이 성인지 예산에 대해 스스로 필요성을 느끼고 노력하지 않는다면, 성인지 예산이 지향하는 구체적인 변화를 가져오지 못하고 단지 양성평등 정책이 가동되고 있음을 보여 주는 '알리바이'로 존재할 가능성이 크다고 언급하였다.

그러나 이러한 우려에도 불구하고 많은 국가들이 성인지 예산을 통해 이전에는 시도하지 않았던 다양한 프로젝트 사업을 실시하였고, 그 결과 각 국가의 양성평등 향상에 크게 기여했다는 점은 부인할 수 없는 사실이다(Combaz, 2013; Sharp, 2007).[21] 이러한 국제사회의 추세에 발맞추어 한국도 2002년 11월 「성인지적 예산편성 및 여성 관련자료 제출촉구 결의안」이 채택되었고, 2006년 제정된 국가재정법에 의해 2010년부터 성인지 예산제도를 시행하고 있다.

1) 초기 성인지 예산 활동 국가들

성인지 예산의 선구자적 국가로는 호주, 영국, 남아프리카공화국을 들 수 있다. 호주는 1980년대 중반 성인지 예산에 적극적이었던 노동당이 집권하면서 세계 최초로 성인지 예산서를 작성하였으며, 연방정부 내에서 제도로 정착하였다. 영국은 1980년대 후반, 남아프리카공화국은 1990년대 후반에 각각 페미니스트 여성운동 단체의 주도하에 성인지 예산이 본격적으로 진행되었으며, 정부 밖의 영역에서 지속적으로 전개되고 있다(김영옥 외, 2007).

호주의 성인지 예산은 1980년 중반 페모크라트(Femocrat)[22]가 다

---

21) 보틀헤일(Botlhale, 2011)의 연구에 의하면 보츠와나는 성인지 예산 활동을 통해 정부 정책에서 거의 고려되지 않았던 여성에 대한 예산이 늘어나게 되었고, 이로 인해 여성들의 건강상태가 매우 호전되었다. 이는 보츠와나의 생산성에도 크게 기여하였는데, 그 이유는 보츠와나는 아프리카의 대표적인 농업국으로 여성의 경제활동 참가율이 70%나 되기 때문에 여성의 건강 문제는 국가의 생산성과 관련이 깊다. 또한 인도네시아의 경우 성인지 예산 활동을 통해 교육과 건강 부문에서 그동안 남성 중심으로 지출되던 예산 구조에 대해서 자각하고, 예산을 양성평등(여성에게)하게 재분배하기도 하였다(Costa. M., Sharp. R. & Elson. D., 2010).

수 포함된 진보 정당인 노동당이 집권하면서 구체적으로 추진되었고, 1984년 여성예산 프로그램(Women's Budget Programme)을 도입하고, 1985년 전 부처로 확대 시행함으로써 국가로부터 공식화되었다. 1987년 여성예산 프로그램은 여성예산서(Women's Budget Statement)로 이름을 바꾸었고, 여성예산서는 1987년부터 1994년까지 내각 내의 여성지위청(Office of the Status of Women)이 최종 취합하여 의회에 제출함으로써 공식적으로 그 권위를 인정받았다.

여성예산서에는 각 부처의 업무와 관련된 여성의 지위 현황, 일반 정책이나 프로그램 참여자의 성비, 양성평등 관련 사업에 대한 분류, 사업의 양성평등에 대한 기여, 향후 계획 등 약 300페이지에 달하는 내용이 담겨 있었다(Sawer, 2002). 그러나 1995년 보수정권이 들어서면서 호주의 성인지 예산 활동은 많은 변화를 겪게 된다.

1997년 집권당의 여성예산서 효과성에 대한 의문제기로 여성예산서의 발간은 중단되었고, 이후 여성예산서는 여성지위청에서 간단히 발표하는 여성 관련 보고서로 대체되었다. 따라서 더 이상 모든 연방 정부는 정부의 예산과 프로그램이 여성과 남성에게 미치는 영향에 대해 체계적인 효과분석을 하지 않아도 되었고,[23] 여성지위청은 더 이상 여성예산서를 국회에 제출하지 않고, 내각에만 제출하는 등

---

22) Feminist와 Bureaucrat의 합성어로 호주에서 사용하기 시작한 개념이다. 여성의 이해를 증진하기 위한 여성지위청(Commonwealth Government Office of the Status of Women) 같은 특별한 기구의 직원으로 종사하는 여성 관료들 그리고 다양한 평등기회위원회 또는 차별금지위원회 같은 곳에서 일하는 여성을 지칭하기 위한 용어였다(Franzway et al., 1989). 아인슈타인(Eienstein, 1991)과 왓슨(Watson, 1990)은 '정부의 관료적 일을 하는 페미니스트들'이라고 지칭하였으며, 현재는 여성 관련 기구에서 일하는 여성들만을 의미하는 데서 여성을 위해 일하고자 하는 페미니스트 관료들을 모두 포함하는 것으로 확대되었다.

23) 정권이 교체되면서 여성정책 및 성인지 예산 활동은 "특별한 이해"로 격하되고 모든 부처의 성과가 단순 성과지표로 결과만을 측정하는 것으로 바뀌었다(마경희 외, 2009).

공식적인 역할이 대폭 축소되었다.

이에 여성지위청은 집권당 교체로 인한 재정정책의 변화가 여성에게 미치는 부정적인 영향에 대해서 항의하였으나 받아들여지지 않았고, 2001년 노동당을 중심으로 여성예산서의 부활과 성인지 예산제도의 재도입을 다시 추진하였으나, 선거에서 패배함으로써 그 뜻을 이루지 못했다(Elson, 2004).

이후 2004년부터 여성지위청은 여성 관련 예산 정보를 'Women's Budget Kit' 웹사이트24)를 통해 '여성을 위한 예산 개요(Maintaining Our Commitment to Women)', '여성예산서(Women's Budget Statement)'와 같은 간단한 형태의 보고서로 발표하다가 2007년부터는 가족, 노동 등 특정 주제를 중심으로 하는 보고서 형식으로 개편하였다.

비록 지금은 성인지 예산이 정부 차원에서 적극적으로 시행되고 있지는 않지만, 과거 연방 정부의 경험을 토대로 빅토리아(Victoria) 주(州) 등 일부 지방정부에서는 성인지 예산제도를 시행하고 있으며, 성인지 예산의 최초 경험국으로서 이후 다른 국가의 성인지 예산 활동에 지대한 영향을 미쳤다는 점에서 그 의의는 크다고 할 수 있을 것이다.

영국에서의 성인지 예산은 적절한 경제 정책을 통하여 양성평등을 촉진시키는 것을 목적으로 젠더 경제학자, 시민단체 및 노동조합 회원들로 구성된 여성예산단체 WBG(Women's Budget Group)에 의해서 주도되었다.25)

1989년 결성 이후 매년 정부 예산에 대한 논평과 제안을 하고 있

---

24) http://ofw.facs.gov.au/publications/index.htm

25) http://www.wbg.org.uk

다. 호주와 마찬가지로 영국도 보수정권이 집권했을 당시에는 WBG 의 활동이 주목받지 못했으나, 1997년 진보적 성향을 가진 노동당이 집권하면서부터 재무부(the Treasury)와 여성부(WEU: the Cabinet Office's Women and Equality Unit), 국가인권위원회(WNC: Women's National Committee) 등 정부 관료들과 연계하여 적극적으로 활동하였다.

WBG는 2001년 재무부 정부지출 평가(the Treasury-led Government Spending Review)에 참여하면서 처음으로 정부의 주요 의제에 관여하기 시작하였고, 제한적이기는 하지만 젠더 분석을 고려하였다 (Donna St. Hill, 2002). 또한 매년 재무부가 예산안을 확정하기 6개월 전에 작성하는 예산 전 보고서(Pre-Budget Report)와 예산보고서 (Budget Report)에 대한 논평을 제출하면서 재무부와 주기적으로 회의를 가지고 있다.

그 외에도 연금부, 보건사회부, 무역산업부, 세입부 등 사회보장급여 시스템과 노동, 세금과 관련된 부처의 젠더 관련 정책 이슈에 대해 논평하고 자문하는 역할을 하고 있다.

2) 성인지 예산의 확산 – 국제기구의 지원

1995년 북경세계여성대회를 계기로 개별 국가들과 국제기구들은 성인지 예산에 대한 행동강령을 선언하였다. 이들은 기존의 여성정책과 달리 실질적인 양성평등을 이룰 수 있는 적극적인 접근방법을 모색했고, 결과적으로 성주류화 전략을 채택하면서 그 일환으로 예산에 주목하였다.

북경세계여성대회에서는 모든 정책과 프로그램의 기획, 집행, 평가 과정에서 젠더관점을 통합함에 있어 "정부는 평등하고, 효율적이고, 적절하게 자원을 배치하고 양성평등을 위한 예산 분배를 위해서 편성, 개발, 적용, 시행 등 모든 예산 과정에서 젠더관점을 결합해야 한다"고 선언하였다(김영옥 외 재인용, 2007).

또한 각국의 "정부는 공공 부문의 지출에서 여성이 어떠한 혜택을 보는지 체계적으로 검토"하고 "여성과 남성의 동등한 접근이 보장될 수 있도록 예산을 조정"할 것을 요구하였다(행동강령346조). 그리고 행동강령의 시행을 위해 국제기구들은 "공적원조의 20%, 사회 프로그램에 대한 국가 예산의 20%를 젠더관점에서 고려"할 것을 요구하였다(행동강령 358).

그러나 북경세계여성대회의 이러한 선언은 합의된 권고 사항일 뿐 강제성이 없고, 또한 체계적인 가이드라인이 없어 성인지 예산 시행의 동기부여로 작동하기는 하였으나, 성인지 예산제도의 도입 및 확산에는 크게 영향을 미치지 못하였다.

이후 2001년 5월 OECD는 30개 회원국을 대상으로 성인지 예산과 관련한 각국의 시행 현황을 조사하였다. 이때 성인지 예산을 시행하고 있으며, 성인지 예산서를 작성하여 제출하는 국가는 스웨덴과 프랑스가 유일하였다. 그리고 영연방사무국(Commonwealth Secretariat)과 유엔여성기금(UNIFEM) 등 국제기구의 활동으로 몇 몇 국가에서만 성인지 예산에 대한 지원이 이루어지고 있었다(OECD, 2001a, 2001b).

그 후 2001년 10월 브뤼셀 고위급 회의가 개최되었다. 브뤼셀 고위급 회의는 유엔여성기금(UNIFEM), 경제협력개발기구(OECD), 북유럽 협의회(Nordic Council of Ministers) 등이 공동으로 주관하였으며, 43개 국가의 예산, 재정, 고용, 산업, 젠더, 복지, 교통, 개발협력,

농업 분야 장관, 전문가, 의회, 시민단체, 국제기구 고위관료 등이 참석하였다. 이때 북경세계여성대회에서 논의되었던 성인지 예산에 대한 구체적인 가이드라인이 세워지게 되었고, 성인지 예산이 전 세계로 확산되기 위해서는 각 국가의 정부와 시민사회의 역량이 보다 강화되어야 한다는 것에 뜻을 모았다.

또한 이때 참여한 국가들은 서로의 경험과 정보를 공유하였는데, 국가마다 다양한 방식과 접근으로 성인지 예산을 시행하고 있었고, 성인지 예산에 대한 기본적인 개념이나 지식도 각 국가의 상황에 따라 다르게 해석하고 있다는 것을 확인하게 되었다. 따라서 성인지 예산의 전 세계적 확산과 발전을 위해서는 각 국가적 맥락에 맞는 기술적·재정적 지원이 매우 중요하다는 것에 서로 합의하게 되었고, 이를 위해 국제기구의 보다 적극적 역할이 필요하다는 인식을 공유하게 되었다(UNIFEM-OECD-Nordic Council of Ministers-Belgium Government, 2001).

브뤼셀 회의 이후 유엔여성기금(UNIFEM), 경제협력개발기구(OECD), 유엔개발계획(UNDP) 등 국제기구는 실제적인 성인지 예산 확산을 위하여 프로젝트 형태로 아프리카, 남미, 아시아 등 개발도상국의 성인지 예산 활동을 지원하였고, 이는 오늘날 성인지 예산의 전 세계적 확산에 크게 기여하였다.

다양한 국제기구들 중 가장 적극적으로 성인지 예산 활동에 기여한 기구는 영연방사무국(Commonwealth Secretariat)과 유엔여성기금(UNIFEM)이다. 영연방사무국(Commonwealth Secretariat)은 개별국가에 대한 성인지 예산 지원 프로그램에서 주로 정부 주도 활동을 지원하였으며, 특히 여성부보다 재정부와 직접적인 협력관계를 형성한 특징이 있다. 이는 예산의 내용과 과정에 대해 실질적 권한이 있는 공식적 기구와 협력함으로써 성인지 예산이 보다 명문화되어 안정적인 상태에서 원하는 성과를 낼 수 있도록 성과적 측면에 주목했기 때문이다(Commonwealth Secretariat, 2002; Hewitt, 2002).

영연방사무국의 이러한 접근 방식은 재정부를 직접적 파트너로 한 지원 프로그램을 통해 정부 기관에 의한 시범분석, 예산지침, 예산서 등의 제도적 성과를 얻기도 하였다. 그러나 프로그램에 대한 지원이 중단되면서 성인지 예산이 제도로써 그 역할을 수행하지 못하고 지지부진해지는 결과를 초래함으로써 정부 중심 접근의 한계로 지적되기도 한다(Elson, 2004; Hewitt, 2002).

반면, 유엔여성기금(UNIFEM)은 시민단체, 의회, 학자, 정부 등 다양한 주체와 협력 관계를 형성해 왔다. 그리고 1996년 남아프리카공화국의 여성 예산 단체(WBI: Women's Budget Initiative)의 활동을 지원하였고, 1998년 이후 동아프리카, 남동아시아, 남아시아, 중앙아메리카, 안데스 지역(에콰도르, 볼리비아, 콜롬비아, 페루) 등 20개 이상 개발도상국의 성인지 예산 프로그램을 지원해 왔다.

이후 영연방사무국(Commonwealth Secretariat)과 국제개발연구센터(IDRC: International Development Research Center)와의 협력을 통해 보다 체계적으로 개발도상국들을 지원하기 시작하였다. 시민단체와 학자들은 예산분석 활동을 지원하였고, 성인지 예산의 의식화를 위해 노력하였다. 그리고 다양한 분석 방법과 도구 개발을 통해 교육 프로그램을 운영하거나 워크숍을 개최하기도 하였는데, 이후 성인지 예산 국가들 간 경험을 공유할 수 있는 네트워크를 구성하기 위하여 지역 워크숍을 주최하기도 하였다.

또한 성인지 예산제도 도입에 관심 있는 국가공무원들을 직접 찾아가서 자문을 하기도 하였고, 성인지 예산의 정보와 지식을 축적하기 위하여 웹사이트[26]를 구축하여 운영하기도 하였다. 이는 유엔여성기금(UNIFEM)의 보고서를 통해 확인할 수 있는데, 각 국가의 성인지 예산에 대한 이해도를 높이고, 다양한 성인지 예산 시행 주체들 간의 파트너십 형성 등 일정 부분에서 소기의 성과를 거둔 것으로 평가된다(UNIFEM, 2005).

그러나 이들은 정부 밖의 단체들과 주로 협력함으로써 예산 분석의 결과를 실제 정부정책의 변화로 연결시키지 못하였고, 예산분석이 예산과정으로서의 통합보다는 사후분석에 치중하는 경향을 보였다. 또한 일부 국가에서 예산과정에 통합될 수 있었다고 하더라도 그 결과에 대한 모니터링과 점검이 이루어지지 못한 한계가 있었다(UNIFEM, 2005).

이와 같이 국제기구의 적극적인 지원 활동으로 성인지 예산은 전 세계로 뻗어 나갈 수 있었고, 일부 개발도상국들의 경우 제도적으로는 상당한 수준까지 성장할 수 있었다.

3) 한국의 성인지 예산(제도)

한국은 1990년대 후반 여성단체와 여성의원의 적극적인 노력으로 성인지 예산의 공론화를 이루었다. 1998년 한국여성단체연합의 여성 관련 예산의 분석 및 정부 부처와 정당에 예산 요구안 제출을 시

---

26) http://www.gender-budgets.org

작으로 2001년 한국여성민우회는 기초자치단체 여성정책 예산을 매년 분석하였다.

그리고 2002년 여성단체연합은 국회에 성인지적 예산 정책 마련을 위한 청원서를 제출하였으며, 이를 통해 국회 여성위원회는 '성인지적예산편성및여성관련자료제출촉구결의안'을 채택하였다. 이후 여성위원회 소속 의원들을 중심으로 여성부와 기획예산처에 대한 대정부 질의, 전문가 간담회 등을 통해 국회 내에서 성인지 예산의 입법화 논의가 본격적으로 진행되었다.

이러한 논의 과정을 거쳐 2006년 9월 국가재정법[27]을 통해 성인지적 예산 편성 및 집행의 원칙과 성인지 예산서 작성 의무가 시행됨으로써 성인지 예산은 법적 근거를 갖게 된다. 그리고 동법에 따라 2010 회계연도부터 정부는 성인지 예산서와 결산서를 제출하도록 의무화하였다.[28]

---

27) **국가재정법** 제26조(성인지 예산서의 작성) ① 정부는 예산이 여성과 남성에게 미칠 영향을 미리 분석한 보고서(이하 "성인지 예산서"라 한다)를 작성하여야 한다. ② 성인지 예산서에는 성평등 기대효과, 성과목표, 성별 수혜분석 등을 포함하여야 한다. <신설 2010.5.17.>. ③ 성인지 예산서의 작성에 관한 구체적인 사항은 대통령령으로 정한다. <개정 2010.5.17.>. 제57조(성인지결산서의작성) ① 정부는 여성과 남성이 동등하게 예산의 수혜를 받고 예산이 성차별을 개선하는 방향으로 집행되었는지를 평가하는 보고서(이하 "성인지 결산서"라 한다)를 작성하여야 한다. ② 성인지 결산서에는 집행실적, 성평등 효과분석 및 평가 등을 포함하여야 한다. <신설 2010.5.17.>. 제68조의2(성인지 기금운용 계획서의 작성) ① 정부는 기금이 여성과 남성에게 미칠 영향을 미리 분석한 보고서(이하 "성인지 기금운영계획서"라 한다)를 작성하여야 한다. ② 성인지 기금운용계획서에는 성평등 기대효과, 성과목표, 성별 수혜분석 등을 포함하여야 한다. ③ 성인지 기금운용계획서의 작성에 관한 구체적인 사항은 대통령령으로 정한다. ④ 성인지 기금결산서에는 집행실적, 성평등 효과분석 및 평가 등을 포함하여야 한다. <본조신설 2010.5.17.>. **지방재정법** 제36조의2(성인지 예산서의 작성ㆍ제출) ① 지방자치단체의 장은 예산이 여성과 남성에게 미칠 영향을 미리 분석한 보고서(이하 "성인지 예산서"라 한다)를 작성하여야 한다. ② 지방자치법 제127조에 따른 예산안에는 성인지 예산서가 첨부되어야 한다. ③ 그 밖에 성인지 예산서의 작성에 관한 구체적인 사항은 대통령령으로 정한다 <본조신설 2011.3.8.>. 제53조의2(성인지 결산서의 작성ㆍ제출) ① 지방자치단체의 장은 여성과 남성이 동등하게 예산의 수혜를 받고 예산이 성차별을 개선하는 방향으로 집행되었는지를 평가하는 보고서(이하 "성인지 결산서"라 한다)를 작성하여야 한다. ② 지방자치법 제134조제1항에 따른 결산서에는 성인지 결산서가 첨부되어야 한다.

28) 성인지 예산서와 결산서를 국회에 제출하는 국가는 전 세계에서 오스트리아와 한국이 유일하다.

그 결과, 2008년에는 2009년에 대한 성인지 예산서 작성 시범사업을 거쳐 2009년 10월 1일 29개 기관, 195개 세부사업을 대상으로 최초의 성인지 예산서가 국회에 제출되었다. 그리고 2010년 4월부터 성인지 예산서 대상사업에 기금을 포함하였으며, 필수 작성내용으로 '성평등 기대효과, 성과목표, 성별 수혜 분석' 등을 포함하였다.

2011년 성인지 예산서는 34개 기관, 245개 세부사업으로 대상이 크게 확대되어 국회에 제출되었으며, 2011년에는 성인지 예산에 대한 결산내용을 담고 있는 2010 회계연도 성인지 결산서가 작성됨으로써 국가재정법에서 요구하는 성인지 예산제도의 모든 절차가 완료되었다. 그리고 2011년 3월 지방재정법이 개정되면서 2013년부터 전국의 모든 지방자치단체에서도 성인지 예산제도를 의무적으로 실시하게 되었다.

4. 성인지 예산과 양성평등 관련 선행연구

1) 성인지 예산 관련 선행연구

가. 성인지 예산에 대한 개념적 연구

초기 성인지 예산에 대한 연구는 주로 개념 정의 및 성인지 예산 기본 매뉴얼에 대한 연구들로 성인지 예산의 필요성과 중요성에 대해서 강조하였다. 따라서 일반적으로 성인지 예산이 어떤 것인지에 대하여 설명하고, 왜 필요하며 성인지 예산을 통해 궁극적으로 얻고 자 하는 것이 무엇인지에 대해서 설명한다(차인순, 2005; Sharp, 2007; Rubin & Bartle, 2005; Sarraf, 2003; Budlender, 2004; UNFPA & UNIFEM, 2006a, 2006b; Stotsky, 2006a; UNIFEM, 2008a).

또한 성인지 예산이 제대로 시행되기 위해서는 다양한 분석도구 와 방법론 개발이 시급함에 대해서도 강조한다. 이는 성인지 예산의 전개가 일회성 프로젝트가 아닌 정부 내에서 충분히 힘을 발휘할 수 있는 실질적 기구로 제도화 될 수 있도록 하기 위함이다(김영옥 외, 2007; 이석원, 2012; 윤영진, 2011; 김세진, 2008, 2010; 차인순, 2009; 윤영진·김은정, 2008; 임성일·김성주, 2011).

성인지 예산이 성인지 예산제도로 국가에서 공식화되어야 하는 필연성에 대해서는 이미 많은 학자들과 시민단체, 그리고 국제기구 등이 합의하였으며, 다양한 방법으로 후원과 지지를 보내고 있다 (Alami, 2008). 그 외 특정 분야에서 여성을 위하여 예산이 어느 정 도 소요되고 있는지 분석하는 연구도 있었다.

옥스팜(Oxfam GB, 2005)은 남아프리카공화국, 탄자니아, 르완다 등 아프리카 국가 여성들을 위한 교육 예산이 어떻게 쓰이고 있는지 에 대해서 분석하였고, 유엔여성기금(UNIFEM, 2010)은 프로젝트 사업을 통해 모잠비크, 보스니아, 에티오피아, 인도에서 여성을 위한 건강 예산이 어떻게 쓰이고 있는지에 대해서 분석하였다.

나. 성인지 예산(제도)과 관련 제도 간의 연계에 관한 연구

성인지 예산의 개념적 연구 이후 나타나기 시작한 연구는 성인지 예산(제도)과 관련 제도의 연계에 대한 연구이다. 성인지 예산과 직·간접적으로 관련된 정책이나 제도는 매우 다양하지만, 대표적으로 성별영향분석평가제도, 성과관리(예산)제도, 주민참여예산제도 등을 들 수 있다

이 중에서 성별영향분석평가제도는 성인지 예산(제도)과 가장 관련이 깊다고 할 수 있는데, 송인자(2009)는 성별영향분석평가 제도가 정부정책과 사업, 법령 등이 여성과 남성에게 미치는 차별적 효과를 평가하고 새로운 평등적 대안을 만들기 위한 도구라는 점에서 성인지 예산과 연계하여 운영되어야 한다고 주장하였으며, 임성일(2012)은 성인지 예산의 성공 여부는 성별영향분석평가를 얼마나 성실하게 수행하고, 그것을 예산에 반영하는지에 달려 있다고 주장하였다.

이는 성별영향분석결과가 향후 예산의 성불평등성을 시정하는 데 활용되고, 이는 궁극적으로 예산집행과 관련된 성평등 향상에 기여한다고 보았기 때문이다(김혜란, 2011; 홍미영·류춘호, 2013; 이갑숙·안희정, 2011). 또한 스페인 안달루시아 주정부는 여성과 남성 간에 동등한 기회를 보장함에 있어 성별영향보고서가 가장 중요한 역할을 한다고 보았으며, 성인지 예산이 보다 효과적으로 작동되기 위해서는 성별영향보고서의 내적 충실함이 관건이라고 하였다(Ministry of Finance and Public Administration, 2010).

다음으로 성인지 예산(제도)과 관련 제도 간의 연계에 대한 연구

중 최근 가장 활발하게 논의되고 있는 성과관리(예산)제도와의 관계
에 대해서 살펴보겠다(정가원 외, 2011; African Development Fund,
2013; Klatzer, 2008; 김영옥 외, 2008).

일반적으로 성과관리(예산)제도는 예산서와 별개로 성과관리(예
산)제도를 운영하는 방식과 예산과목체계 내에서 성과관리(예산)제
도를 정착시키는 두 가지 유형의 운영방식이 있다. 우리나라의 경우
전자에 해당되고, 오스트리아의 경우 후자의 사례에 해당된다(윤영
진·이정화, 2013).

오스트리아는 성인지 예산(제도)과 성과관리(예산)제도 운영방식
을 성공적으로 연계하고 있는 국가로 성인지 예산을 시행하고 있는
국가들이 특히 주목하고 있는 국가이다. 2009년 1차 예산개혁을 통
해 성과관리(예산)제도를 도입하였고, 2013년 2차 예산개혁을 통해
본격적으로 성과관리(예산)제도 안에서 성인지 예산제도를 시행하고
있다.

아직까지 그 효과성을 논하기에는 시기적으로 이르지만, 우리에
게 주는 정책적 시사점은 분명하며 다음과 같다. 첫째, 오스트리아
는 부처별로 피라미드 형식의 예산구조를 가지고 있는데, 각 부처에
게 상위 예산단위에서 양성평등 목표를 설정하도록 함으로써 성인
지 예산이 일반예산의 일부를 형성하도록 구조화하고 있다. 둘째,
부처 수준에서 성평등 목표가 정해지면 예산단위가 낮아짐에 따라
목표를 구체화하기 위해 어떤 활동을 하고, 어떤 지표를 활용하여
성과를 관리할 것인지 등에 대해서 다루기 때문에 일관성을 가진다.
셋째, 연방수상실 성과관리부에서 부처들이 예산서상의 목표와 지표
를 적절하게 설정할 수 있도록 지원하며 개별 부처들이 제출한 예산

서가 통일된 질적 수준을 유지할 수 있도록 관리한다. 넷째, 오스트리아는 성과관리를 함에 있어 결과와 과정을 관리하는 것도 중요하지만 성과목표와 지표를 설정하는 것도 중요하게 여기기 때문에 연방수상실 성과관리부는 부처가 목표를 설정하는 단계에서부터 자문하고 지원함으로써 프로그램 운영 결과를 더욱 정확하게 평가할 수 있는 토대를 마련해 준다. 다섯째, 연방수상실 성과관리부에서는 성과점검 결과를 수상과 각 부처, 그리고 의회에 전달함으로써 순환구조의 성과관리 체제를 운영하고 있다. 여섯째, 의회예산국과 감사원에서도 성인지 예산에 담긴 질적 정보를 관리하며 자체적으로 양성평등 목표 및 지표들에 대한 분석을 실시함으로써 성과관리에 능동적으로 참여한다(정가원, 2013).

오스트리아의 성인지 예산(제도)과 성과관리(예산)제도의 성공적인 연계 사례는 현재 성인지 예산을 국가에서 공식화하려는 아프리카 국가에도 많은 영향을 미쳤다. 아프리카 개발 기금(African Development Found, 2013)에 따르면 우간다, 탄자니아, 가나, 모리셔스 등의 4개국을 중심으로 성과관리(예산)제도에 기반을 둔 성인지 예산의 연계에 대한 논의가 활발하다.

마지막으로 성인지 예산(제도)과 관련된 제도 간의 연계에 대한 연구에서 주민참여예산제도를 빼놓을 수 없다. 주민참여예산제도(Participatory Budgeting)는 정부의 예산과정에서 주민의 직접적인 참여를 통해 정책의사결정의 민주성을 증대하고, 주민들에게 권한 부여를 통하여 주민역량을 강화시키는 제도이다(윤성일·성시경·임동완, 2014).

주민참여예산제도는 브라질 포르투 알레그레(Porto Alegre)의 사례가 널리 알려지면서 많은 국가에서 시행되었으며, 우리나라도 2005년 광주시 북구에서 처음 실시한 이후 2011년 9월 제도화되었다. 성인지 예산(제도)과 주민참여예산제도를 연계하였을 때, 기대할 수 있는 효과는 주민참여예산위원회를 적극 활용하여 성인지 예산(제도)의 실효성을 높일 수 있다는 사실이다.

주민참여예산위원회를 활용하는 데는 두 가지 방법이 있는데, 하나는 여성 단체 및 관련 활동가들이 직접 주민참여예산위원회에 공모하여 참여하는 것으로 이 경우에는 재정사업에 대한 성인지적 분석이 가능하고, 또 그 결과를 예산반영에 직접적으로 영향을 미칠 수 있다는 장점이 있다. 특히 지방의회(의원) 및 전문가 그룹과 파트너십을 형성할 때 그 효과가 클 것으로 예상된다.

다른 하나는 주민참여예산위원회에 정보를 제공하거나 요구사항을 직접 제출하여 예산에 반영하게 하는 것이다. 간접적이기는 하지만 주민참여예산위원회와 연대하여 활동하게 되면 그 효과가 클 것으로 예상된다. 다만 주민참여예산제도는 예산편성 단계에서 운영되기 때문에 지방의회에서 부정적인 태도를 취할 수 있다는 것에 주의해야 할 것이다.

이 외에도 주민참여예산제도에서 예산학교를 운영하는 경우 성인지 예산과 연계한 프로그램을 운영함으로써 성인지 예산(제도)에 대한 국민적 공감대를 형성하는 데 기여할 수 있을 것이다(윤영진·이정화, 2013).

현재 성인지 예산(제도)과 주민참여예산제도를 연계하여 시행하고 있는 국가는 볼리비아, 브라질, 칠레, 코스타리카 등 라틴아메리카 지역의 국가들이 대표적이며(Elsim, 2000; Oropeza, 2013), 그 외 말레이시아의 페낭지역이 우수사례로 꼽히고 있다(Aloyah Bakar, 2014). 우리나라도 2011년 주민참여예산제도 시행 후 서울시에서 성인지 예산과 주민참여예산제도를 연계하려는 움직임이 활발히 일어나고 있다(국미애, 2013).

다. 성인지 예산 국가에 대한 사례・비교 연구

성인지 예산 시행 국가에 대한 사례 연구는 개별 국가에 대한 심층적인 분석을 다룬 연구이고, 비교 연구는 다양한 국가 사례를 비교 분석한 연구이다. 먼저 사례 연구에 대해서 살펴본 후 다양한 국가 사례를 비교 분석한 연구를 살펴볼 것이다.

초기 성인지 예산 국가에 대한 사례 연구는 성인지 예산의 선구자적 국가인 호주, 영국, 남아프리카공화국, 캐나다 등 몇몇 국가에 한정되어 있었다. 따라서 특정 국가의 사례를 일반화하여 다른 국가에 적용하기 어려운 한계가 있었다. 그러나 다른 한편으로 한 국가의 사례만 집중해서 다뤘기 때문에 보다 상세한 정보를 얻을 수 있었고, 성인지 예산의 후발 국가들에게 참고 자료로 활용되었다는 점에서 의미가 있다.

호주의 성인지 예산에 대한 연구는 사와르(Sawar, 2002), 샤프와 브롬힐(Sharp & Broomhill, 2002), 윤용중(2006)을 참고할 수 있다. 당시 호주의 정치적인 상황과 맥락에 대해서 소개했으며, 그 안에서 제도가 어떻게 도입될 수 있었는지에 대해서 비교적 자세히 설명하고 있다. 또한 성인지 예산을 받아들임과 동시에 성인지 예산제도가 도입되어 호주에서의 성인지 예산은 상당한 성과가 있었던 것으로 평가하고 있다. 그러나 정책권자와 정부 관계자들 사이에서 성인지 예산의 중요성에 대한 이해와 합의를 이끌어 내지 못했고, 사회적 공감을 얻지 못하여 결국 제도가 지속되지 못하고 퇴행했음을 지적하였다.

비록 성인지 예산이 성공적으로 지속되지는 못했지만, 호주의 사례는 현재까지도 거론되는 중요한 사례로 성인지 예산을 시행한 지 얼마 안 되었거나 혹은 시작하려고 하는 많은 후발 국가들에게 교훈을 주고 있다. 뿐만 아니라 여러 연구자들이 성인지 예산을 다루는 연구에서 대부분 호주의 사례를 상징적으로 제시하고 있다(김영옥 외, 2007; 마경희, 2009; Budlender et al., 2002; Budlender & Hewitt, 2002; UNDP, 2004; The Commonwealth Secretariat, 2007; Sharp, 2007, 이형우·김규옥, 2011).

영국의 사례는 힘멜바이트(Himmelweit, 1999), 레이크(Rake, 2002), 박준석(2008) 등에 의해서 연구되었는데, 성인지 예산이 영국 내에 자리 잡을 수 있도록 적극적으로 활약한 Women's Budget Group(WGI)의 활동에 중점을 두어 설명한다.

남아프리카공화국 사례에 대한 연구는 버들렌더 외(Budlender et al, 1996, 1997, 1998, 2000), 샤크라볼티와 바그치(Chakraborty & Bagchi, 2006)에 의해서 연구되었고, 캐나다 사례는 베이커와 앨슨(Bakker & Elson, 1998), 베이커(Bakker, 2006)에 의해 연구되었으며, 뮌-리버드(Munn-Rivard, 2013)를 참고하면 간략하지만 성인지 예산과 관련된 권고사항이나 법적 근거 등을 참고할 수 있다. 초기 성인지 예산의 선도국들은 학자들에 의해서 지속적으로 연구되고 있으며 지금도 많은 국가들에게 귀감이 되고 있다.

이 외에도 성인지 예산을 시행함에 있어 적극적이고, 괄목할 만한 성과를 이뤄낸 국가로 인도, 한국, 인도네시아, 독일 등을 들 수 있다. 인도의 여성·아동부처(Ministry of women and child development government of India, 2009), 배유경(2010)의 연구에 따르면, 인도의 성인지 예산은 국제기구의 원조에 의해서 시작되었지만, 정부의 적극적인 협조로 성인지 예산이 비교적 빠른 시간 내에 자리 잡은 국가로 평가한다. 그러나 비효율적인 행정 시스템과 인종, 종교, 신분제, 지역, 언어 등의 사회·문화적 다양성으로 인해 법과 정책, 그리고 실제 성인지 예산 사업 사이에 큰 괴리가 존재한다고 지적하였다.

이는 최근 발표한 야미나와 신하(Yamini & Sinha, 2012), 샤크라볼티(Chakraborty, 2014)의 연구에서도 알 수 있다. 이들은 인도의 성인지 예산의 성과적 측면과 한계에 대해서 분석하였는데, 특히 현재 인도에서 시행되고 있는 성인지 예산은 제도상으로는 완벽하지만, 빈약한 인프라로 인해 실질적인 성별수혜분석이 어렵고, 관련 정책을 적극적으로 추진할 수 있는 권한이 없기 때문에 다음 단계로 나아갈 수 있는 연결고리가 부재하다고 지적하였다. 그리고 이를 보완하기 위해서는 다른 성인지 예산의 도구 및 관련 제도와 결합할 필요가 있으며, 제도에 대한 꾸준한 모니터링이 필요하다고 하였다.

우리나라의 성인지 예산에 대한 연구는 개념적 논의(차인순, 2005; 윤영진, 2011), 도구 및 방법론의 개발(김영옥 외, 2007; 박노욱, 2008; 조선주, 2011; 김영숙, 2012), 성인지 예산제도의 도입 및 추진체계(윤영진·김은정, 2008; 김세진, 2008; 김윤경, 2008; 차인순, 2009; 김세진, 2010), 성인지예·결산서의 분석(전병욱, 2011; 이석원, 2012), 성인지 예산제도에 대한 평가와 효과성 분석(윤영진, 2011; 문광민·

임동완, 2008; 조선주, 2011; 임주영, 2012; 조선주 외, 2014)까지 다양한 방면에서 논의되었으며, 최근에는 지방자치단체의 성인지 예산과 관련한 연구가 진행되고 있다(윤영진·이정화, 2013; 임성일, 2012; 홍미영 외, 2011; 임성일·김성주, 2011).

인도네시아의 경우 인도네시아 정부(Republic of Indonesia, 2009), 코스타 외(Costa. M., Sharp. R. & Elson. D., 2010), 일본 국제 협력 에이전시(Japan International Cooperation Agency, 2011)의 연구에 따르면 인도네시아는 2000년대에 들어 국가 차원에서 성주류화 관련 사업에 예산의 5%를 할당하는 법령을 공포하였으며(2000년과 2003년), 시민단체와 아시아 재단에 의해서 지역수준의 성인지 예산 시범프로젝트를 실시하여(2004~2006년) 그동안 낭비되었던 예산을 찾아내었고, 상대적으로 예산의 수혜를 덜 받았던 여성의 교육과 건강 부분에 재할당하였다.

그리고 2009년 7개 부처를 시작으로 성인지 예산 사업의 파일럿을 실시하였고, 2011년부터 모든 부처에서 성인지 예산서를 재정부와 여성부에 제출하도록 하게 함으로써 본격적으로 성인지적 관점에서 정부계획과 예산을 고려하기 시작하였다. 이들은 인도네시아의 성인지 예산이 보다 발전하기 위해서는 체계적이고 통합적인 접근이 필요하다고 하였다.

독일의 성인지 예산은 뮌헨(Munich), 베를린(Berlin), 쾰른(Cologne) 등 지방정부의 주도하에 적극 전개되었다. 페르버아(Faerber, 2008)에 따르면 독일은 성인지 예산의 범위가 예산 분야뿐만 아니라 경제, 재정 등 모든 거버넌스를 포함하고 있으며, 독일 헌법에서 남녀평등을 이루자는 것을 명시함으로써 통합된 양성평등에 대한 목표가 국가적인 차원에서 예산에 문서화되어 있다고 한다. 그리고 김은경(2008)의 연구에서는 독일의 성인지 예산에 대한 법적 근거 및 제도화 과정에 대해서 비교적 상세히 다루고 있다.

성인지 예산의 역사가 오래되지는 않았지만 성인지 예산이 시작된 것만으로도 의미가 있는 국가들이 있는데, 이들은 보수적 성향의 종교가 그 사회에 지배적인 영향을 끼치는 중동 국가들과 오랜 전쟁과 가난으로 이미 성불평등이 고착화된 아프리카 국가들이 그러하다.

사카프(Sakkaf, N. A., 2009)에 의하면 예멘 내 여성단체와 국제구호단체인 옥스팜은 이슬람이라는 보수적 종교 성향과 여성을 하대하는 사회적 관습들이 그동안 여성들에게 매우 불리하게 자행되어 왔다고 지적하면서 2009년 성인지 예산(소외된 여성들을 위한)이 필요하다고 주장하였다.

요르단에서는 2010년 처음으로 국가 재정 계획에서 성인지 예산의 로드맵이 발표되었고, 비교적 중동 지역의 국가들 중에서 성불평등성이 낮은 이스라엘은 1997년부터 성인지적 관점에서 국가 재정사업을 추진하여 왔고, 최근 세이겔쉬퍼(Seigelshifer, 2013)의 연구에 의하면 지방정부에서도 성인지적 관점을 견지한 사업들이 수행되고 있다고 한다. 그리고 지리적으로는 아프리카에 속하지만, 사회·문화적으로는 아랍 문화권에 속하는 이집트는 국제기구의 시범프로젝트로 일부 지역에 한정하여 성인지 예산을 시작하였으나, 2007년에는 성인지 예산제도로써 그 역할이 강화되었다(Ministry of Finance Equal Opportunities Unit, 2010; Mooth, 2013).

모로코 역시 국제기구의 원조로 2000년 성인지 예산을 시작하였고, 2005년에는 성인지 예산제도를 도입하여 시행하고 있다. 아프리카 국가 중에서 탄자니아, 우간다, 르완다 등은 국제기구의 원조로 1990년대 후반부터 일찍이 성인지 예산 활동을 해 왔으며, 세 국가 모두 2000년 후반에 이르러서는 국가로부터 공식화되었다.

일각에서는 국제기구의 원조로 인한 성인지 예산의 발전은 수동적이고, 형식적이라는 비판이 있기는 하지만, 실제 성인지 예산을 통해 중동이나 아프리카 국가 여성들의 인권이 많이 신장되었고, 여성들의 건강과 교육 수준이 높아진 것은 부인할 수 없는 사실이다 (Combaz, 2014).

또한 이들 국가의 성공적인 사례는 주변국에도 긍정적인 영향을 주고 있다. 그 예로 모리셔스를 들 수 있다. 아프리카 국가인 모리셔스는 국제기구의 원조로 2000년 국가 여성정책 프레임워크 회의에서 성인지 예산에 대해 언급하였고, 2000년 중반부터 여성의 건강과 교육, 여성과 경제, 여성과 관습에 대한 관심이 커지면서 관련 정책 수행을 위해 예산이 할당되었고,[29] 이를 계기로 성인지 예산이 적극적으로 이루어졌다. 따라서 몇 개 부처에 대해 시범적으로 운영되던 성인지 예산은 2007년에 이르러 대부분의 부처에서 시행된다(모리셔스 국가홈페이지, http://www.gender.gov.mu; 유엔여성−성인지 예산 홈페이지, http://www.gender-budgets.org). 그 외 최근 가나, 카메룬, 에티오피아, 말리 등의 국가에서도 성인지 예산이 시행되고 있다.

다음으로 성인지 예산 시행 국가의 다양한 사례를 비교 분석한 연구에 대해서 살펴보겠다. 성인지 예산에 대한 연구가 본격적으로 시작된 것은 비교적 가까운 2000년 초반부터였고, 이후 성인지 예산에

---

29) 성인지 예산의 할당으로 다른 아프리카 국가에 비해서 모리셔스의 여성 진학률은 상당히 높아졌다.

대한 연구는 폭발적으로 증가하여 짧은 시간 내에 많은 연구논문들이 나타났다. 또한 동시다발적으로 국제기구가 추진했던 프로젝트가 끝나면서 그에 대한 결과물들이 쏟아지기 시작했다.

성인지 예산의 국가별 비교 연구를 처음 제시한 버들렌더(2001), 버들렌더와 휴이트(Budlender & Hewitt, 2002)의 연구는 성인지 예산의 전반에 대해서 소개하고 각 국가의 상황에 대하여 간략히 설명하였다. 이후 영연방사무국(Commonwealth Secretariat, 2005)은 영연방 국가들을 중심으로 성인지 예산의 도입현황과 제도화의 수준에 대해서 분석하였으며, 마붑과 버들렌더(Mahbub & Budlender, 2007)는 2005년 처음 성인지 예산 이니셔티브 프로젝트에 참가한 성과에 대해서 서술하였다.

그리고 엘리자베스 빌라고메즈(Elisabeth Villagomez, 2004)는 성인지 예산을 실시하는 주요국에 대하여 지역적 범위로 구분하였고, 각 국가의 성인지 예산 전개과정을 중심으로 상세히 서술하였다. 또한 그동안 자료를 수집하기 어려웠던 리투아니아, 체코, 알바니아 등에서 시민단체 주도로 성인지 예산에 대한 필요성이 제기되고 성인지 예산 활동이 이루어지고 있다는 것을 언급하였으며, 지역수준에서 이미 성인지 예산을 실시하고 있는 불가리아, 루마니아, 시리아, 슬로바키아 등의 국가들에 대해서도 언급하였다.

유엔여성기금(UNIFEM, 2005)은 성인지 예산 활동 지원 시범 프로젝트 결과물들을 발표하면서 여러 국가에 대해서 소개하였고, 2008년에는 라틴아메리카 지역의 국가들이 참여예산의 발전과 함께 성인지 예산이 어떻게 전개되어 왔는지에 대해서 소개하는 보고서를 발간하기도 하였다. 라틴아메리카 지역에 민주화의 바람이 불고,

여러 가지 정부 개혁이 단행되던 당시 이러한 사회·정치적 변화는 성인지 예산이 국가에서 공식화되는 데 큰 영향을 미쳤다(Esim, 2000; Oropeza, 2013).

로더 외(Roeder et al., 2009)는 유엔여성기금(UNIFEM)과 유럽위원회의 프로그램 수행 연구 보고서를 발간하였고, 이 보고서에서는 성인지 예산의 좋은 사례로 페루를 꼽았다. 페루는 지역 수준에서 성인지 예산 시범 프로젝트를 실시하였고, 이에 대한 결과물을 제시하였다.

버들렌더(Budlender, 2009)는 국제기구의 원조를 받는 10개 국가(탄자니아, 우간다, 카메룬 등)에 대한 보고서를 발표하였으며, 유엔여성기금(UNIFEM, 2009b)은 이집트, 나이지리아 등 아프리카 국가 외에 CIS(러시아 등) 지역, CEE(알바니아, 보스니아, 크로아티아, 마케도니아 등) 지역 등의 국가에 대한 연구 보고서를 발간하기도 하였다.

또한 유엔여성기금(UNIFEM)은 2008년부터 간헐적으로 성인지 예산 홈페이지를 통해 뉴스레터를 발간하고 있는데, 여기서는 주로 어떤 국가에서 성인지 예산이 이루어지고 있는지에 대한 정보와 어떤 국가에서 어떤 형태의 성인지 예산을 실시하고 있는지에 대한 자료를 제공해 주고 있다. 특히 정보 수집이 쉽지 않은 라틴아메리카, 아프리카, 동유럽 지역의 자료를 업데이트하여 제공하고 있다.

그 외에 중동 국가에 대한 사례를 제시한 에심(Esim, 2011)의 연구에서는 지리적으로 아프리카에 해당되지만 문화적으로 이슬람권인 모로고에 대해서 다루었고, 샤마(Sharma, 2008)는 인도, 파키스탄, 네팔, 스리랑카 등 특정 종교가 지배적인 지역에서의 성인지 예산에 대해서 다루었다. 또한 비교적 많은 국가 사례를 상세하게 다룬 김영옥 외(2007)의 연구에서는 40여 개 국가의 성인지 예산 국가에 대한 간략한 국가적 특징과 성인지 예산 전개과정 및 시행주체, 시행 근거 및 관련 기관 등에 대해서 언급하였고, 마경희 외(2009)의 연구에서는 스웨덴, 프랑스, 호주 등의 사례에 대해서 심도 있게 다루었으며, 정가원 외(2013)의 연구에서는 외국의 정부주도형 성인지 예산제도 시행 국가 10개국(오스트리아, 스웨덴, 프랑스, 영국 등)에 대해서 분석하는 등 이전의 연구와 달리 비교적 상세하게 국가 사례를 다루고 있다.

콤바즈(Combaz, 2013)는 개발도상국에서 성인지 예산은 어떻게 배분되며, 젠더에 어떤 영향을 미치는지에 대한 연구의 필요성을 제기하였고, 에콰도르, 인도, 짐바브웨, 탄자니아 등의 나라에서 성인지 예산이 어떤 성과를 냈는지에 대해서 서술하였다. 이 연구에 의하면 탄자니아의 경우 성인지 예산으로 식수 관련 사업을 실시하여 흙탕물과 배설물이 뒤섞인 물 대신 깨끗한 물을 제공함으로써 그동안 모성 사망률과 영유아 사망률이 크게 줄어들었고, 마을 인근에 깨끗한 식수대를 설치하여 먼 곳까지 물을 떠 나르던 대부분의 여성과 아이들에게 교육의 기회를 제공함으로써 사회의 양성평등 향상에 기여하였다고 평가하였다.

이 외에도 다양한 국가의 사례를 제시한 연구들은 많이 있다 (Schmitz, 2005; Sharma, 2008; Alami, 2008; Sharp, 2007; african development fund, 2013; National Commission for the Promotion of Equality Gattard House, 2009; Chakraborty, 2010; The Council of Europe, 2005; 정가원, 2011; 이형우·김규옥, 2011; 성효용, 2010).

이와 같이 다양한 국가의 사례를 연구한 논문 및 보고서를 통해 성인지 예산이 각 국가에서 다양한 개념으로 정의되고 있으며, 각 국가의 상황에 적합한 서로 다른 모습으로 운영되고 있다는 것을 알 수 있었다. 이는 모든 국가적·사회적 상황에서 통용될 수 있는 만능비결(magic recipe)을 찾는 것이 가능하지 않음을 시사하였다(Budlender, 2005; UNIFEM-OECD-Nordic Council of Ministers- Belgium Government, 2001).

그러나 이러한 다양한 국가의 사례를 살펴보는 것이 의미 있는 것은 성인지 예산에 있어 일반화된 유형이 있다는 것을 보여 주기 때문이다. 학자에 따라 차이는 있지만, 공통적으로 성인지 예산이란 국가 재원이 효율적이고 양성평등한 방식으로 사용될 수 있도록 예산의 구조와 준칙을 변화시키고자 하는 것이며, 이는 궁극적으로 양성평등한 사회를 지향한다는 점에서 서로 공감하고 있다.

따라서 다양한 국가에 대한 사례 연구는 중요하며, 앞으로도 계속 연구되어야 할 것이다. 다만, 한 가지 유념해야 할 것은 이러한 사례 연구의 중요성에도 불구하고 개념적 논의의 틀을 벗어나지 못했다는 지적은 피할 수 없다는 사실이다(문광민·임동완, 2008).

라. 성인지 예산에 대한 실증 연구

그동안 성인지 예산에 대한 연구는 개론적 논의에 머물러 왔다는 지적이 있었다(Elson, 2011). 이에 최근 성인지 예산에 대한 연구는 성인지 예산의 전개과정이나 각 국가의 싱황을 소개하는 것에서 벗어나 성인지 예산을 통해 얼마나 양성평등하게 자원이 배분되고 있는지, 또는 각 국가에서 어떤 변화가 일어나고 있는지에 대한 실증 연구의 필요성이 제기되고 있다.

그러나 성인지 예산은 정량적이기보다 정성적인 성격이 강하여 실증연구를 하는 데 있어 많은 어려움이 있다. 그러나 그럼에도 불구하고 실증 분석에 대한 시도들이 있었는데, 조선주 외(2010)의 연구에서는 가상가치추정법(CVM)을 이용하여 성인지 예산 사업의 편익을 추정하였으며, 김영숙(2012)의 연구에서는 한국의 2010년에서 2012년도 성인지 예산서의 패널 분석 연구를 시도하기도 하였다.

그러나 조선주 외(2010)의 연구에서 활용한 가상가치추정법의 경우 주로 설문조사에 의존하기 때문에 오류발생의 가능성이 크고 주관적 개입의 가능성이 있으며, 실제 상황보다 과대 추정될 수 있는 문제점이 있다. 또한 김영숙(2012)의 연구에서는 성인지 예산서에 근거하여 3년 동안의 성인지 예산서 패널 분석을 하였는데, 가장 큰 문제는 데이터에 대한 신뢰가 어렵다는 것이다. 그리고 아직까지 그 효과성을 가늠하기에 시기적으로 연구의 시간적 범위가 짧은 것도 한계로 지적할 수 있다.

그리고 문광민·임동완(2008)은 그동안 시도되지 않았던 전 세계 국가를 대상으로 성인지 예산의 제도화에 영향을 미치는 영향요인에 대해서 분석하였다. 순위로짓과 이항로짓 모형을 통해 성인지 예산의 제도화 수준 및 공식적 제도 도입에 대한 요인들의 영향력을 2단계에 걸쳐 분석하였다. 이 연구는 선행연구들이 시도하지 않은 성인지 예산 제도화의 결정요인들을 실증적으로 추론하고 이를 통해 정책적 시사점을 도출하였다는 점에서 의미가 있지만, 통계적으로 봤을 때 이 연구는 2001년부터 2004년까지의 평균값을 활용한 횡단면 분석을 실시함으로써, 개체 간의 특성이나 시간적 흐름을 고려하지 못한 한계가 있다. 따라서 이에 대한 후속 연구가 필요할 것으로 보인다.

2) 양성평등 관련 선행연구

양성평등은 다차원적이고 복합적인 개념이기 때문에 그동안 연구가 포괄적으로 이루어져 왔다. 사회, 문화, 경제, 정치, 복지 등 각 국가의 상황과 맥락에 따라 다양하게 연구가 진행되어 왔는데, 특히 경제 분야에서 성별 임금 격차와 고용에 관한 문제가 많이 다루어졌다.

그리고 국가 간의 양성평등 수준에 대한 비교연구를 위해 국제기구에서는 사회, 문화, 정치, 경제적인 요소들을 반영한 하나의 복합지수를 만들었으며, 이를 활용하여 국가 간 비교 연구를 수행해 왔다. 현재 공식적으로 활용되는 양성평등지수는 약 여섯 가지 정도 있으며, 각각의 지수산정 방식에는 약간의 차이가 있지만 양성평등의 정도를 파악하는 중요한 요인은 모두 비슷하다. 양성평등지수는 복합지수로써 가지는 태생적인 한계가 있기는 하지만, 그럼에도 불구하고 현재 각 국가의 양성평등의 정도를 파악할 수 있는 유일한 지수라는 점에서 많이 활용되며, 앞으로도 계속 사용될 것이다.

이 연구에서는 성인지 예산의 제도화가 양성평등에 미치는 영향에 대하여 알아보기 위해 기존의 양성평등 관련 연구를 살펴보았다. 양성평등 관련 연구는 그 개념과 같이 복합적이고, 포괄적이기 때문에 양성평등지수를 구성하는 주요 요인(경제참여 및 기회, 교육성취, 건강 및 생존, 정치 참여)을 중심으로 관련 연구를 살펴보았다. 그리고 양성평등지수를 활용한 연구도 함께 고찰하였다.

가. 사회·경제·정치 분야에서의 양성평등 관련 연구

(1) 여성의 경제활동 참여 및 기회

여성의 경제활동 참여 및 기회와 관련한 선행연구는 여성의 경제활동 참여가 경제성장에 미치는 영향에 대한 연구와 노동 시장에서의 남녀 임금 격차 관련 연구가 대표적이다.

장형수·김태완(2007)은 여성의 경제활동 참여의 증가가 경제성장에 직접적인 영향을 미치는 결과는 나타나지 않았지만, 여성의 경제활동 참여는 양성불평등을 감소시키고, 양성불평등의 감소는 결과적으로 경제성장에 긍정적인 영향을 미친다고 하였다. 김옥암(2002)은 한국의 여성 경제활동 참가율이 꾸준히 증가하고 있으나 주요 선진국에 비해서 여전히 낮은 수준임을 지적하였고, 한국의 여성노동자의 라이프사이클(Life cycle)은 결혼과 출산, 육아의 시기에 경제활동 참가율이 급격히 떨어지는 M자형으로 나타나는데, 이러한 경력단절현상은 구미 선진국들과 다른 특이한 현상이라고 설명하였다. 즉, 여성의 경력단절은 장기적으로 봤을 때, 여성의 경제활동을 제한함으로써 향후 여성의 노동시장 진입을 어렵게 하고, 이는 결국 경제성장에 부정적인 영향을 미칠 것으로 판단할 수 있다.

팜펠과 다나카(Pampel & Tanaka, 1986)는 여성 경제활동 참여에 영향을 미치는 요소로 가구규모, 여성의 교육, 남녀 간 성비, 경제적 의존성 및 노동공급 증가를 지적하였으며, 사카로풀로스와 탄넷고스 (Psacharopoulos & Tzannatgos, 1989)는 소득, 연령 및 출산율, 종교,

여성의 교육 수준 등이 여성의 경제활동 참여에 영향을 미친다고 하였다. 슐가(Szulga, 2004)는 여성의 경제활동 참여와 경제성장이 U자 관계를 가지며, 종교, 농촌 거주 여성의 비율 및 가족 내 생산수준이 여성의 경제활동 참여에 영향을 미친다고 하였다.

다른 한편으로 여성의 경제활동 참가율과 출산율 관련 연구가 있는데, 안남기·사라(2002)의 연구에 의하면 여성경제활동 참여율이 높을수록 출산율이 높게 나타나는데, 특히 선진국의 경우 1980년 이전에 여성경제활동 참가율과 출산율의 관계가 음(-)의 방향으로 나타났으나, 1990년대 이후부터 양(+)의 관계로 전환된다고 하였다.

류연규(2005)의 연구에서도 여성의 경제활동 참여가 저출산의 원인으로 지적되기도 하지만, 그 자체가 근본 원인이라고 보기 어렵고, 오히려 출산율과 여성경제활동 참가율은 양(+)의 관계를 나타내는데, 이는 국가의 재정적인 지원과 일-가정 양립지원(모성휴가, 부성휴가, 육아휴직, 보육시설 등)이 경제활동 참가율의 상충관계를 완화시키기 때문이라고 하였다. 로차와 푸스테르(Rocha & Fuster, 2006)도 여성 고용률이 출산율과 양(+)의 상관관계가 있는데 이는 여성 실업은 가계소득을 낮추고, 낮아진 가계소득은 여성이 출산을 기피하는 원인으로 지적하였다.

남녀 간 임금 격차에 관한 연구에서는 주로 남녀 간 임금 격차가 발생하는 원인을 생산성의 차이로 판단한다. 그러나 데요(Deyo, 1989)는 수출산업에서 남녀 간 임금 격차는 생산성의 차이가 아니라 그 안에서 발생하는 성차별로 인해 나타난다고 주장하였다. 이에 세규노(Scguino, 2000)는 거시적 총량지표(aggregate wage gap)를 활용하여 연구를 수행한 결과, 남녀 간 임금 격차는 남녀 간 교육 격차에서 발생하는 생산성의 차이로 나타나는 것이 맞다고 주장하였다.

그러나 쇼버와 윈터－임버(Schober & Winter-Ebmer, 2009)는 그의 연구에서 남녀 간 임금 격차를 측정하기 위하여 거시적 총량지표를 이용한 결과, 실제 남녀 간 임금 격차는 남성과 여성의 생산성의 차이로 인해 설명되는 부분과 그 외의 설명되지 않는 부분으로 나눌 수 있다고 하였다. 즉, 기존의 남녀 간 임금 격차가 생산성 차이에서 기인된다는 설명은 수정되어야 할 필요가 있으며, 생산성 차이 외의 성차별적 부분에 주목할 필요가 있다고 주장하였다.

김태홍(2013)의 연구에서도 남녀 간 임금 격차의 44.9%는 차별과 같은 설명할 수 없는 요인에 기인한다고 하였다. 이러한 연구를 통해 생산성 차이로 설명되지 않는 성차별과 그 외 부분에 대해서 보다 집중적으로 분석해야 할 당위성을 발견할 수 있다. 또한 김태홍 (2013)의 연구에서 고용형태에 따른 남녀 간 임금 격차에 대한 연구 결과, 정규직 여성보다 비정규직 여성이 남녀 간 임금 격차가 더욱 크게 나타나는 것을 밝힘으로써 남녀 간 임금 체계를 개선함에 있어서 특히 비정규직 여성의 임금을 개선하기 위해 더욱 노력할 필요가 있다고 하였다.

이는 금재호(2011)의 연구 결과와도 일치한다. 그는 남녀 간 임금 격차의 현상과 원인에 관한 연구에서 정규직과 비정규직 사이의 임금 격차가 심각함에 대해서 논했으며, 특히 남녀 간 임금 격차를 줄이는 데 있어 교육기간의 차이가 중요하다고 하였다. 그러나 일부 고학력 여성의 기술·전문직 진출의 확대에도 불구하고 남녀 간 임금 격차가 여전히 정체되어 있는 것은 여성의 경제적 지위가 여전히 열악하다는 것을 증명한다고 하였다. 따라서 양성평등한 사회를 구현하기 위해서는 여성고용의 질적 제고를 위한 노력이 더욱 필요하다고 강조하였다.

신광영(2011)은 동일한 조건에서 여성의 임금이 남성에 비해 약 30% 정도 낮은 것을 지적하였으며, 남성과 여성의 평균임금의 차이 가운데 약 50%가 차별의 산물이라고 하였다. 그리고 한국에서 성차별적 임금을 만들어 내는 주된 원인은 나이라는 것을 지적하고, 한국의 중년 여성들이 임금 차별에 있어 가장 큰 타격을 받는다고 설명하였다.

구미영(2010)은 그의 연구에서 고용상의 성차별의 개념과 판단에 대해서 서술하였으며, 이시균·윤문희(2008)는 성별 고용 차별의 변화를 실증적으로 분석하였으며, 성별에 의한 고용차별은 아직까지 노동시장에서 유효하기 때문에 이를 해소하기 위한 정책적 노력이 중요하다고 주장하였다.

하인혁(2011)[30]은 미국 노동시장에서의 성별 임금 격차 변화에 대한 연구를 하였는데, 일반적으로 알려진 바와 달리 성별 임금 격차 자체는 크게 개선되지 못했고, 노동시장의 차별에서 기인한 차이를 남성(혹은 여성)의 시간당 평균임금에 비하여 얻는 비중을 살펴보면 노동시장에서 성차별이 지속적으로 감소했다고 주장할 근거가 약하다고 주장하였다. 따라서 성별 임금 격차를 개선하기 위해서는 노동시장에서 성차별을 제거하는 노동정책뿐만 아니라 노동시장 진입 혹은 재진입에 영향을 미치는 요인들에 대한 학술적인 연구와 지원이 절실히 필요하다고 하였다.

---

30) National Longitudinal Survey of Youth 1979(NLSY79)를 이용한 분석.

이상의 선행연구를 통해 여성의 경제활동 참여를 활성화시키기 위해서는 일-가정 양립 지원 정책을 보다 실효성 있게 실시할 필요가 있으며, 남녀 간 임금 격차를 줄이기 위해서는 노동시장의 개선 및 생산성 이외의 차별적 요인들을 파악하여 지금보다 강력한 정책적 조치가 필요하다고 판단하였다. 이는 여성의 경제활동 참여가 과거에 비해 비교적 활발해진 것은 사실이나, 경제 상황이 좋아지고, 여성의 교육수준이 높아진 것에 비해 여전히 그 상황이 열악한 것으로 나타나기 때문이다.

(2) 여성의 교육성취

다음으로 여성의 교육성취는 이론 연구나 실증 연구 모두에서 양성평등과 관련이 매우 높다. 남녀 교육연수의 차이는 그 자체가 양성불평등의 지표가 되기도 하지만 또 다른 양성불평등의 지표인 남녀 임금 격차의 원인이 되기도 한다. 이는 교육이 어떤 다른 요인보다 직업적 지위나 계급적 위치의 귀결, 그리고 임금에 더 많은 영향을 미치거나(Jencks, 1972; Sewell & Hauser, 1975; Becker, 1975; Müller & Shavit, 1998), 또한 지배와 권력, 그리고 통제에 접근할 수 있는 가능성을 더 많이 제공한다고 볼 수 있기 때문이다(Bowles & Gintis, 1976; Bourdieu & Passeron, 1977). 따라서 교육 부문과 양성평등의 관계는 매우 중요하다고 할 수 있다.

남성과 여성의 교육성취의 차이는 종교적이고 문화적인 원인에서 기인하기도 하지만, 대부분 임금 격차가 지속될 때 가정 내 최적화 모형에서 여성에 대한 교육 투자가 낮아지게 되는 경향이 있다.

장상수(2000)의 연구에 따르면 가족의 배경이 학력 성취에 미치는 영향력이 크다고 주장하였는데, 특히 남성에 비해 여성의 학력이 가족 배경에 더욱 민감하다고 하였다. 다른 국가의 경우 상급학교로 진학할수록 가족 배경의 영향력은 점점 약화되지만, 우리나라는 대학교 진학과 졸업의 경우 출신 배경의 영향이 큰 것으로 나타났다. 이는 오랜 유교 문화로 인해 사교육의 비중이 높고, 학자금과 생활비의 대여가 미비한 현실에서 아들에 대한 교육적 투자는 높지만, 상대적으로 딸에 대한 교육 투자가 적기 때문이라고 하였다.

또한 장상수(2006)는 후속연구를 통해 여성의 교육이수 기회와 가족배경의 상관성에 대해 살펴본 결과, 여성의 대학 진학률은 지속적으로 상승하여 고등교육 단계에서 학력 성취의 성별 차이는 크게 감소하였으나, 가족배경이 여성의 4년제 대학 진학 기회에 미친 영향력은 시간이 지날수록 오히려 더 커지는 것을 확인하였다. 이로 인해 여성의 교육 불평등을 해소하기 위한 노력이 구체화될 필요가 있다고 지적하였다.

카노이(Carnoy, 2005)는 세계적으로 여성의 고학력화가 보편화되면서 노동시장의 구조도 변화했는데, 특히 중국과 인도 같은 신흥개발국가들을 중심으로 남성에 비해 고학력이면서 상대적으로 임금이 저렴한 여성 전문인력에 대한 수요가 증가하고 있다고 하였다. 따라서 여성 교육에 대한 투자수익률을 지금보다 높여야 한다고 주장하였다.[31]

한편, 백일우·임정준(2008)은 2006년 청년패널자료를 활용하여 청년층 여성 고등교육이 기대수익변화에 미치는 영향에 대해 분석

---

31) 이 연구는 향후 남녀 간 임금 격차의 문제로 연결될 수 있으나, 이 연구에서는 깊이 있게 다루지 않을 것이다.

한 결과, 여성의 경우 학력 간 임금 격차가 남성에 비해서 더 크게 나타나고, 고학력 여성 노동자일수록 임금 프리미엄이 커지고 있음을 확인하였다. 특히 전문성을 요구하는 의학계열과 사범계열의 수익률이 높은 것으로 나타나 여성의 고학력화와 전문직의 진출확대가 상호 영향을 주고 있다고 하였다.

그리고 백일우·임정준(2009)은 여성 고등교육이 노동에 미치는 효과를 실증 분석하여, 여성 고등교육의 인적 자본효과를 확인하였고, 성별 임금 격차를 분해하여, 여성의 교육 수준이 높아지고 전문직에 종사할수록 차별의 크기를 반영하는 잔여 임금 격차가 감소함으로써 고등교육이 임금 격차에 미치는 차별이 감소한다고 하였다.

이와 같은 선행연구를 통해 고학력, 전문직 여성의 경우 다른 사회적 지위의 여성에 비해 노동시장에서 차별이 점점 감소하고 있지만, 저학력의 비정규직 여성일수록 사회에서 더욱 차별받을 가능성이 크다는 것을 추론할 수 있었다. 그리고 고등교육으로 진입할수록 남녀 간 교육이수 기회가 달라지는 것을 확인할 수 있었다. 따라서 최근 늘어나는 학자금 융자와 장학금 제도를 통해 남성에 비해 상대적으로 열악한 지위에 있는 여성 고등교육 이수자들을 위한 방안이 보다 구체적으로 논의될 필요가 있다고 생각한다.

(3) 여성의 건강과 생존

다음으로 여성의 건강과 생존에 관한 선행연구를 살펴보려고 한다. 여성의 건강과 생존이 양성평등의 중요한 지표가 되는 이유는 여성 건강은 여성 자신뿐만 아니라 가족과 사회, 국가 전체의 건강을 위해 대단히 중요하기 때문이다. 여성의 건강에 대한 요구는 어느 사회에서든지 여성의 역할이나 지위와 평행선을 이루며 여성 건강의 질은 그 나라 국민 건강에 직·간접적으로 영향을 미친다. 따라서 여성의 건강상태는 그 나라의 경제수준, 국가 발전과도 직결된다고 볼 수 있다(WHO, 2009; 여성개발원, 1994; 이경혜, 1995). 이에 양성평등 관련 연구에서 여성의 건강 및 생존과 관련한 연구는 반드시 다루어져야 한다.

세계보건기구(WHO, 2009)는 여성의 건강은 여성 자신뿐만 아니라 아동의 건강에 결정적인 영향을 미치는 요인으로, 여성 건강에 대한 투자는 현재뿐 아니라 미래세대를 위해서 중요한 전략으로 간주되어야 한다고 하였다. 김남순(2014)은 여성의 전반적 건강수준을 파악하고, 성(性)과 사회경제적 지위에 따른 건강수준 차이 비교를 통해 여성의 기대수명은 남성에 비해서 길지만, 건강인식이 좋지 않다는 것을 지적하였다. 따라서 여성 건강을 증진하고자 한다면 기대수명의 추이를 주시하고 변화 원인을 파악할 필요가 있다고 하였다.

강은정·조영태(2009)는 성별 교육수준별 건강수명의 형평성과 정책과제에 관한 연구에서 20~75세까지의 건강수명은 기대수명에서와 달리 여성보다 남성이 길었으며, 교육수준이 낮을수록 건강수명이 낮았고, 교육수준별 건강수명의 격차는 기대수명의 격차보다 더 크게 나타났다고 하였다. 그리고 기대수명은 여성이 남성보다 더 길지만, 생존 기간 동안 건강 관련 삶의 질이 남성에 비해 여성이 낮으며, 건강 격차도 남성에 비해서 여성이 더 크게 나타나는 것을 확인할 수 있었다.

내단슨(Nathanson, 1975)은 그의 연구에서 현재 여성이 남성에 비해서 생존수명이 더 길게 나타나며, 여성은 노년기에 남성보다 더 많은 동반 질환을 경험하고 있기 때문에 삶의 질이 매우 낮다고 하였다. 이러한 결과는 여성, 특히 교육수준이 낮은 여성에 대한 건강 증진 사업이 강화되어야 할 필요성에 대해서 강조한다.

또한 우해봉(2013)은 세계보건기구(WTO)의 생명표 자료를 활용하여 1990~2011년 기간에 걸쳐 우리나라와 OECD 국가들의 기대수명과 개인 간 생존 기간 동안 불평등이 어떠한 양상으로 전개되어 왔는지를 분석한 결과, 우리나라와 OECD 국가 모두 기대수명이 높을수록 생존기간에서의 개인 간 불평등이 감소하는 패턴을 보인다고 하였다. 그러나 여성의 경우 남성에 비해 기대수명이 높은 데 비해 생존기간 불평등 수준 또한 높게 나타나 노년기 여성들의 삶의 질 향상을 위한 정책이 필요하다는 것을 알 수 있었다.

한편, 이철희(2012)의 연구에서는 성불평등한 사회에서 주로 나타나는 출생성비의 불균형으로 단기적으로는 학교에서 남학생 초과현상을 가져오고, 장기적으로는 결혼시장의 불균형으로 저출산 문제 및 성범죄의 증가 등 심각한 사회문제를 불러일으킬 수 있다고 경고하였다. 그 예로 중국과 인도에서의 남아 선호사상으로 인한 성비 불균형 사례를 제시하고 있다. 애덜런드 외(Edlund et al., 2008)도 그의 연구에서 성비 불균형은 결과적으로 사회의 폭력성 및 범죄의 증가를 유발하는 요인이 될 수 있음을 지적하였다.

(4) 여성의 정치적 대표성

마지막으로 여성의 정치적 대표성과 관련한 연구는 대부분 '누가 대표가 되는가'와 관련이 있는 기술적 대표성(descriptive representation)에 대한 논의가 이루어지다가 최근에는 '대표가 핵심적 이해관계를 대변하기 위해 행동하는가'를 의미하는 실질적 대표성(substantive representation)에 대한 연구들이 주로 이루어지고 있다(Pitkin, 1967; Stevens, 2010).

일반적으로 여성의 정치참여 확대에 대한 연구들은 여성의 양적 증가가 실질적 대표성의 향상으로 이어진다고 주장한다. 칸터(Kanter, 1977)는 한 직장에서 여성의 비율이 15% 이하일 경우 여성들은 상징적으로 명목적인 지위를 형성할 수밖에 없다고 보았고, 소수집단의 구성원들이 35%의 비율에 이르게 되면 서로 힘이 될 수 있으며, 동맹을 형성할 수 있다고 보았다.

달럽(Dahlerup, 1988)은 정치에서 여성의 비율이 30% 정도가 되면 연쇄변화를 촉발할 수 있는 '크리티컬 메스(critical mass, 임계집단)가 발생할 수 있다고 보았다. 따라서 의회 내 여성의원 수가 증가하면 의회의 규범과 문화에 큰 영향을 미치게 되고, 입법안의 내용도 여성 친화적으로 바뀔 수 있다고 주장하였다.

기술적 대표성에 관한 연구로는 미국의 여성 의원 증가와 여성 친화적 정책 간의 유의미한 상관관계가 있다고 한 카이저(Caiazza, 2008)의 연구가 있고, 국내의 사례를 소개한 김원홍 외(2007)와 최정원 외(2008)의 연구가 있다. 이들은 여성의원의 증가는 여성 친화적 정책과 상관관계가 있다고 밝힌 바 있으며, 여성의원이 남성의원에 비해 좀 더 진보적이고, 정책현안에 관한 문제에 있어서도 양극화 해소, 여성·노동 문제 등에 우선순위를 두는 경향이 컸다고 하였다(Thomas 1994; Dodson & Carroll, 1991).

이혜숙(2014)은 여성의원의 수가 늘어나는 것도 중요하지만 실제적으로 여성의원의 증가가 의정활동에 어떤 변화를 가져왔는지, 여

성의원은 여성의 이해를 대표하고 있는지에 대해 경남지역 여성의
원들을 중심으로 살펴보았다. 그 결과, 여성의원들은 여성문제나 양
성평등 문제에 관심이 많았으며, 의정활동을 하면서 겪은 경험을 바
탕으로 남성중심의 정치문화를 바꾸기 위해 다양한 노력을 기울이
고 있는 것으로 나타났다.

그러나 여성의 정치 참여와 관련하여 회의론이 제기되기도 하는
데, 스칸디나비아 국가 연구에 의하면 지난 30여 년간 정치 토론에
서 남녀 의원 간의 유사성이 점차 증대되고 있다는 것을 발견하였
다. 이는 여성의원이 더 이상 여성 친화적이고, 사회복지를 우선시
하는 경향에서 벗어나 경제성장 및 사회 문화 분야에 더 많은 가치
를 두는 경향으로 변화하고 있다는 데서 알 수 있었다.

또한 그동안 여성의원이 남성의원에 비해 동정적이고 윤리적이라
는 견해가 다수 있어 왔지만, 월리암과 베스트(Willams & Best,
1990)는 여성과 남성의 문제가 아닌 개인 성향의 차이라며 일축하였
다. 이렇게 여성의 정치 참여에 회의론을 제기하는 기저에는 여성의
원들에게 기대하는 진보적이고 도전적인 정책 현안 해결에 대한 실
망에서 비롯된다고 볼 수 있다. 이는 여성의원들이 주도적으로 여성
정책 현안을 해결하기 위해 노력하기보다는 기존의 지배적인 의회
와 정당 질서에 순종적인 성향을 보이는 것을 비판하기 위함이다.

이러한 경쟁적인 견해의 차이에도 불구하고, 여성의 대표성 확보
는 양성평등과 밀접한 관련이 있다.

나. 양성평등지수 관련 연구

양성평등지수는 앞에서도 언급하였듯이 각 국가의 사회, 문화, 경제, 정치적인 요인들을 반영하여 그 사회의 양성평등 정도를 나타내는 복합지수이다. 현재 이를 활용한 양성평등 관련 연구가 많이 있지만, 특히 이 지수들에 대해 집중적으로 논의한 연구들이 있다. 따라서 먼저 양성평등지수만 다룬 연구를 살펴보고, 다음으로 이를 활용한 연구에 대하여 알아보고자 한다.

메카티, 크리파와 파트리지아(Mecatti. F., Crippa & Patrizia, 2012)는 그들의 연구에서 그동안 국제사회에서 발표된 젠더 관련 통계 지표에 대하여 모두 나열하고 이에 대한 총평을 하였으며, 향후 젠더 통계가 발전하기 위해서는 양성평등지수의 보완 및 방법론 개발에 더욱 힘써야 한다고 주장하였다.

차용진(2012)은 국제 양성평등지수에 대하여 전반적인 요약을 기술하였으며, 세계경제포럼에서 발표하는 글로벌 성 격차 지수(GGI)에 대하여 타당도 및 신뢰도를 분석함으로써 양성평등지수의 적합도에 대해서 살펴보았다. 그 결과 내적 일관성의 문제가 발생하였고, 고차요인분석 결과 모형 적합도가 낮게 나타나는 문제점이 나타난다고 지적하였다. 그러나 현재 양성평등 관련 지수들은 단일 지수가 아닌 복합지수로서 태생적으로 다양한 문제를 지니고 있다는 것을 사회적으로 인지하고 있으므로, 양성평등지수에 대한 부정적인 시각보다는 이를 보다 나은 방향으로 개선하기 위해 노력해야 한다고 주장하였다.

주재선(2013)은 우리나라의 양성평등지수와 국제 양성평등지수를 비교하고, 그 특징을 서술하였다. 특히 국제사회에서 우리나라의 양성평등 수준이 매우 다르게 평가되는 세계경제포럼의 성 격차 지수와 유엔개발계획의 성불평등 지수를 비교 분석하였는데,[32] 이는 지표의 구성과 측정방법이 다르기 때문이라고 밝히고 있다.

이와 같이 양성평등지수 자체의 설명이나 비교 연구 외에 양성평등지수를 직접 활용하여 다른 분야와 연계하여 살펴본 연구도 있다. 허윤선(2013)은 미국 노동시장에서의 한·중·일(동아시아) 이민자들의 노동시장 성과를 젠더 경제학적 관점에서 분석하였는데, 이민자들의 이주요인 분석 요소로 송출국가의 경제발전 정도와 여성권한수준(GDI, GEM)을 고려하고, 그에 따른 노동시장 성과(미국 노동시장에서의 한·중·일 임금자들의 임금)를 비교하였다. 그 결과 이민자들의 인적자본 요소뿐 아니라 송출국가의 양성평등 수준도 동아시아 이민자들의 미국 노동시장 성과에 중요한 영향을 미치고 있는 것으로 나타났다.

고숙희(2006)는 국가별 양성평등 척도인 여성권한척도(GEM)에 대하여 도시별로 재계산하여, 우리나라의 지역 사례 연구에 적용하였다. 즉, 여성권한척도를 계산하여 지방선거 이후 서울, 경북, 충북 지역의 여성권한이 어떻게 변화되는지 연구하였다. 원숙연·이동선(2011)은 여성권한척도(GEM)의 영향 요인 분석을 실시하였으며, 이내찬(2014)은 성차별의 주요 원인과 OECD 국가의 현황을 살펴보고 이를 모니터하기 위해 주요 국제기구가 개발한 양성평등지수를 개

---

32) 글로벌 성 격차 지수에서 한국의 양성평등 수준은 매우 낮게 나타난다. 2013년 한국의 성 격차 순위는 조사국 136개 국가 중에서 111위로 2006년 첫 발표 이래 최하위 수준이다(2014년 성 격차 보고서에 의하면 조사국 142개 국가 중에서 117위). 반면, 2013년 한국의 성불평등 순위는 조사국 149개 국가 중에서 15위로 상위권에 속한다.

관하였다. 그리고 역량접근방식의 관점에서 양성평등지수를 새롭게 구성하고, 주성분 분석을 통해 OECD 국가 내 성차별의 주요 요인이 무엇인지를 밝히고, 지표별 가중치를 산정하여 회원국의 양성평등 순위를 도출하였다.

신미경 외(2000)는 여성 관련 개발지수와 모성 및 영아사망률과의 관계를 통해 유엔개발계획에서 발표하는 인간개발지수보다 성불평등지수가 더 모성 및 영아사망률과 관련이 있다는 것을 확인하였으며, 분석결과 남녀 간의 성불평등이 적을수록 모자 보건 수준이 높아진다고 하였다. 이렇듯 양성평등지수는 다양한 분야에서 활용되고 있다.

제3장 성인지 예산 제도화와 양성평등 관계 디자인

1. 분석변수

이 연구는 '성인지 예산의 제도화가 과연 양성평등 향상에 기여하는가'에 대한 의문에서 출발하였다. 따라서 성인지 예산의 제도화를 독립변수로 설정하였고, 성인지 예산의 궁극적인 목적이 되는 양성평등을 종속변수로 설정하였다. 그리고 그 외 종속변수에 영향을 미칠 것으로 판단되는 사회·경제적 요인, 정치적 요인, 지리적 요인을 찾아내어 통제변수로 설정하였다.

1) 성인지 예산의 제도화

이 연구는 성인지 예산의 제도화가 양성평등에 미치는 영향을 체계적으로 분석하기 위하여 성인지 예산의 제도화를 형식적 제도화와 질적 제도화로 구분하였다.

가. 성인지 예산의 형식적 제도화

앞에서 언급하였듯이 성인지 예산의 형식적 제도화는 성인지 예산의 제도화를 법률적·절차적인 측면에서 형식적인 기반을 갖추고 있는지를 기준으로 구분한 것으로, 성인지 예산제도의 표면적이고 형식적인 부분에 대해서 살펴보기 위해 설정한 변수이다. 이는 성인지 예산을 시행하는 국가와 성인지 예산제도를 도입하여 시행하는 국가가 양성평등에 어떤 영향을 미치는지 그 효과를 비교할 수 있을 것이다.[33]

따라서 성인지 예산의 형식적 제도화는 성인지 예산제도 도입 여부로 측정하고자 한다. 그러나 데이터의 속성이 패널 데이터이므로 성인지 예산제도의 유무를 더미변수로 전환하지 않고, (연구의 시간적 범위-성인지 예산제도 도입 시기)로 계산하여 성인지 예산제도의 시기로 측정한다.

---

[33] 성인지 예산은 시행하고 있지만, 성인지 예산제도를 도입하지 않은 국가는 - 폴란드, 스위스, 러시아, 에스토니아, 몰도바, 그루지야, 헝가리, 슬로바키아, 리투아니아, 체코, 루마니아, 우크라이나, 크로아티아, 오스트리아, 마케도니아, 알바니아, 이스라엘, 요르단, 예멘, 바레인, 터키, 카메룬, 에티오피아, 말리, 나이지리아, 가나, 보츠와나, 나미비아, 모리셔스, 페루, 칠레, 에콰도르, 브라질, 니카라과, 미국, 몽골, 카자흐스탄, 호주 - 총 39개국이다. 관련 법률이나 규칙에 근거하여 성인지 예산제도를 시행하고 있는 국가는 - 핀란드, 프랑스, 이탈리아, 영국, 아일랜드, 아이슬란드, 스페인, 스웨덴, 불가리아, 벨기에, 독일, 덴마크, 노르웨이, 네덜란드, 탄자니아, 우간다, 모로코, 남아프리카공화국, 이집트, 코스타리카, 아르헨티나, 볼리비아, 베네수엘라, 멕시코, 캐나다, 한국, 필리핀, 파키스탄, 인도, 스리랑카, 방글라데시, 네팔, 밀레이시아, 인도네시아 - 총 34개국이다(Budlender & Hewitt, 2003; 김영옥 외, 2007; UN Women homepage, http://www.gender-budgets.org; 한국여성정책연구원 성인지 예산센터 홈페이지, http://www.gb.kwdi.re.kr; 각 국가 홈페이지 참고).

나. 성인지 예산의 질적 제도화

성인지 예산의 질적 제도화는 제도화 수준을 기준으로 구분한 것으로, 성인지 예산의 질적인 부분에 대해서 살펴보기 위해 설정한 변수이다. 이는 성인지 예산의 제도화 수준에 따라 각 단계를 구분하여 서열화함으로써 양성평등에 미치는 영향을 보다 세분화하여 살펴보기 위함이다. 성인지 예산의 제도화 수준은 성인지 예산의 제도화 과정을 바탕으로 제도 형성 요건을 기준으로 하여 각 단계를 구조적으로 서열화한 것이기 때문에 이 연구에서는 1단계부터 4단계까지 나눈다. 그러나 분석대상 국가의 성인지 예산제도 도입 시기는 모두 일정하지 않으므로, 이 연구의 시간적 범위가 짧은 것을 고려하여 0단계부터 4단계까지 구분하여 0점부터 4점까지 점수를 부여하였다.[34] 그리고 이 연구는 성인지 예산을 시행하는 73개 국가를 대상으로 성인지 예산의 제도화 수준을 분류함에 있어 연구의 자의성을 배제하기 위하여 노력했다. 선행연구에서 언급한 국가들을 중심으로 최근 자료를 바탕으로 하여 업데이트하였으며, 이 연구의 시간적 범위가 2006~2012년인 것을 감안하여 2008년 이후 연구자가 추가한 국가에 대해서는 각 국가 홈페이지를 통해 최종적으로 점검하였다. 성인지 예산의 제도화 수준에 따른 국가 분류는 <표 Ⅲ-1>과 같다.

---

34) 성인지 예산의 제도화 수준 0단계=0점, 1단계=1점, 2단계=2점, 3단계=3점, 4단계=4점.

<표 Ⅲ-1> 성인지 예산의 제도화 수준에 따른 국가 분류 (4단계) (2006~2012)

단계	제도화 수준	해당 국가
1단계	여건조성(17)	터키, 에콰도르, *몽골*, *말리*, 니카라과, *헝가리*, *슬로바키아*, *체코*, *리투아니아*, *루마니아*, *우크라이나*, *크로아티아*, 보츠와나, *에티오피아*, 바레인, *가나*, *그루지야*
2단계	개시(15)	*카메룬*, 칠레, *예멘*, 브라질, 미국, 러시아, *나이지리아*, 나미비아, *에스토니아*, *몰도바*, 폴란드, *요르단*, *알바니아*, *마케도니아*, *카자흐스탄*
3단계	분석에서 실천으로의 이전(8)	*이스라엘*, 호주, 스위스, 뉴질랜드, 페루, 오스트리아, 모리셔스
4단계	효과와 제도화(33)	필리핀, 핀란드, 프랑스, 파키스탄, 탄자니아, *코스타리카*, 캐나다, 인도, 이탈리아, *이집트*, 영국, 스웨덴, 스리랑카, 불가리아, 볼리비아, 모로코, 말레이시아, 독일, 덴마크, 네팔, 노르웨이, 네덜란드, 남아프리카공화국, *한국*, 우간다, 아일랜드, 아이슬란드, 스페인, 벨기에, *베네수엘라*, 방글라데시, 멕시코, 인도네시아, *아르헨티나*

* **이탤릭체**는 기존 연구에 연구자가 새롭게 추가한 국가임.
자료: 문광민·임동완(2008), 김영옥 외(2007)의 연구를 참고하여 재구성

2) 양성평등

이론적 논의에서 언급하였듯이 양성평등의 개념은 객관적인 사실이면서 동시에 주관적으로 인지되는 측면이 있기 때문에 단순화하여 설명하기 어려운 복합적이고 다차원적인 개념이다(Permanyer, 2010). 따라서 이 연구에서는 국제사회에서 양성평등의 정도를 파악하기 위하여 고안한 양성평등지수를 대리변수로 설정하였다.

현재 국제사회에서 활용되고 있는 대표적인 양성평등지수는 6가지가 있으나, 이 연구에서는 그중에서 가장 포괄적이고 다양한 양성평등의 정도를 나타내는 세계경제포럼의 성 격차 지수를 활용하여 양성평등을 측정하고자 한다(Mecatti et al., 2012). 성 격차 지수는

현재 국가별 양성평등 정도를 비교하는 연구에 있어 가장 많이 활용되고 있는 지수이다. 성 격차 지수는 국가 간의 비교를 통해 상대적인 양성평등 수준을 평가하는 지수가 아니라 각 국가 내의 성 격차(Gender Gap)를 분석함으로써 국가 간 양성평등 정도를 비교할 수 있도록 구성되어 있다는 점에서 이 연구에 매우 적합하다.

양성평등 수준은 각 국가의 경제적 여건이나 국민의 의식 수준 등이 반영되기 때문에 엄밀한 의미에서 국가의 고유한 특성이 반영될 가능성이 매우 높다. 그러나 성 격차 지수를 활용하면 양성평등 수준이 높은 국가일수록 남녀 간 성 격차가 좁을 가능성이 있지만, 반드시 그러하지는 않기 때문에 더 엄격하게 양성평등의 정도를 알 수 있다. 예를 들어, 우리나라의 경우 양성평등 수준은 높은 국가에 해당되지만, 성 격차는 매우 큰 국가이다. 이는 고용시장에서 여성과 남성의 교육 여건이나 경력이 비슷하지만 임금에 있어 차이가 나타나는 것을 보면 알 수 있다.

이러한 성 격차 지수의 특징은 성인지 예산제도가 양성평등에 실제 기여하는지 알아보는 이 연구에서 종속변수로 활용하기에 적합하다고 판단한 근거가 된다. 성 격차 지수는 완전평등지점이 1이며, 1에 가까울수록 성 격차가 감소하는 평등한 국가로 가정하고 있다.

3) 사회·경제적 요인

가. 국가 경제 수준(1인당 GDP)

국가의 경제 수준을 파악하기 위해서는 다양한 경제 지표를 참고할 수 있지만, 일반적으로 국가의 인구 대비 경제규모를 알 수 있는 1인당 GDP를 많이 활용한다.

국가의 경제 수준과 성(불)평등에 관한 연구는 그동안 많이 진행되어 왔는데, 블랙덴과 바운(Blackden & Bhaun, 1999)의 연구에 의하면 성불평등한 사회는 인적자본뿐만 아니라 실질적 생산 자본의 축적을 저해하기 때문에 국가 경제 성장에 부정적인 영향을 끼친다고 하였으며, 하우즈만 외(Hausmann et al., 2006)는 성차별과 1인당 GDP는 강한 음의 상관관계가 있다고 지적하였고, 김태홍 외(2009), 강성애·류은영(2008)의 연구에서는 OECD 국가들을 대상으로 연구한 결과 여성의 경제활동 참가율이 높을수록 1인당 GDP가 높아지는 것을 밝히며, 궁극적으로 양성평등한 사회일수록 국가 경제수준이 높아진다고 하였다. 또한 신하 외(Sinha et al., 2007)의 연구에서는 1인당 GDP 연평균 성장률과 인간개발지수(HDI) 성비는 통계적으로 유의미한 상관관계가 있다고 함으로써 국가의 경제수준은 양성평등에 많은 영향을 미칠 수 있음을 시사하였다.

따라서 이 연구에서는 세계은행(World Bank)에서 제공하는 국가별 1인당 GDP에 자연대수(Logarithm)를 취한 값으로 국가 경제 수준을 측정하였다.

나. 실업률

실업률에 대한 논의는 부가 노동자 효과(added worker effect)와 실망 노동자 효과(discouraged worker effect) 이론으로 설명할 수 있다. 먼저 부가 노동자 효과란 경기가 침체되면 노동에 대한 수요도 감소하여 실업이 늘어나게 되는데, 가구의 주 소득원인 사람의 근로소득이 줄어들거나 실업 상태에 이르면 가구 구성원 중 비경제활동인구였던 배우자나 자녀가 가계소득을 유지하기 위해 구직활동을 하면서 경제활동 인구로 편입된다는 것이다.

이 이론에 근거한 실업률과 성(불)평등 관련 연구에 의하면, 가구의 주 소득원인 남성들이 시장에서 강제적으로 퇴진함에 따라서 가족의 생계를 위해 여성들이 경제활동을 하게 될 경우, 주로 여성들은 가족의 생계를 위하여 저임금이나 임시직, 혹은 위험직종에 대한 고려 없이 경제활동을 하게 될 가능성이 크고, 이는 결과적으로 여성들의 근로조건을 악화시킬 것이라고 하였다. 즉, 단기적으로 여성들의 취업률을 상승시키기는 하나 장기적인 관점에서 봤을 때 여성에 대한 경쟁력을 약화시키고, 노동의 질을 저하시켜 노동시장에서의 성불평등을 더욱 가중시킬 것이라고 하였다.

반면, 실망 노동자 효과란, 경기가 침체되면 실업자(구직자)가 구직활동을 해도 계속 취업에 실패하게 되면서 이에 실망한 나머지 아예 구직활동을 포기함으로써 비경제활동인구로 편입되어 결국 실업률을 감소시키는 효과를 발생시키는 것을 말한다. 이 이론에 근거한 실업률과 성(불)평등 관련 연구에 의하면, 경기가 침체되면 남성에 비해 상대적으로 인적 자본이 취약하고 경쟁력이 낮다고 생각하는 여성 스스로가 구직을 포기하거나 혹은 자발적으로 노동시장에서 퇴진을 결정할 가능성이 높아진다고 하였다. 그뿐만 아니라 경기 불황이 계속되면 기업들은 인원감축과 구조조정을 실시하게 되는데, 이때 남성생계부양자이데올로기와 가족임금이데올로기에 근거하여 남성보다 여성이 노동시장에서 퇴진을 강요받을 가능성이 크다고 하였다.

실제 우리나라에서 1998년 외환위기 이후 인원감축과 구조조정이 이루어졌을 때 여성들이 더 많은 실업을 했었는데, 한국개발연구원(2009)의 연구에 의하면 남성 1명당 여성 9명이 실업을 하였다고 한다. 이는 결국 실업률은 성불평등을 더욱 심화시킬 수 있다고 판단할 수 있다. 따라서 실업률은 양성평등에 직접적인 영향을 미친다고 볼 수 있으므로 이 연구에서는 세계은행(Worldbank)에서 제공하는 국가별 실업률 데이터를 활용하여 실업률을 측정하였다.

다. 도시화

산업화가 진행되면서 나타난 도시화 현상에 대해 젠더 지리학자인 맥도웰(Mcdowell, 2005)은 산업화에 따른 도시 공간은 가정과 직장을 분리시킴으로써 가정일과 직장일을 양립하기 어려운 여성들에게 이분법적 상황을 제공하여 성불평등을 가속화시켰다고 하였다. 그리고 데니스(Dennis, 1989)는 도시 공간은 여성의 접근을 제한함으로써 여성들 스스로 권리와 행위를 실현하기 어렵게 만들었다고 하였다. 이는 일자리를 찾아 도시로 모여든 여성들이 늘어나면서 여성의 경제활동이 증가되었지만, 이에 적합한 주거 환경이 이루어지지 않아 오히려 여성의 경제활동과 사회적 참여를 제한하는 결과를 가져왔다고 한다. 이는 기존의 성 역할을 더욱 고착화시키고 남성들의 권력을 유지시켜 주는 역할을 하였다고 한다.

반면, 일반적으로 남성에 비해 여성들이 서비스업에 종사하는 비중이 큰데,[35] 서비스업은 도시에 집중되어 있는 경향이 있기 때문에 도시거주자는 남성보다 여성이 더 많다고 주장하는 학자들도 있다. 이들은 도시에 사는 여성들은 과거와 달리 자신들의 사회적 욕구를 다양한 방법으로 정책에 반영시키기 위해서 적극적으로 노력을 한다고 한다. 이로 인해 성불평등이 오히려 개선될 수 있다고 주장한다.

따라서 이러한 논의를 근거로 하였을 때, 이 연구에서는 도시화가 양성평등에 영향을 미친다고 판단하였다. 이에 세계은행(Worldbank)에서 제공하는 도시화율을 활용하여 도시화를 측정하였다.

라. 종교

전통적인 사회 관습이나 종교가 있는 국가는 성불평등이 심각하게 나타나는 경향이 크다. 특히 오랜 시간 특정 종교가 그 사회에 지배적이었다면, 여성의 억압과 차별을 합리화하기 위한 수단으로 활용되기도 한다. 콜제니예비츠와 듀렌트(Korzeniewicz & Durrant, 2000)의 연구에서 알 수 있듯이 남녀 간 불평등도의 변화에 대한 횡단면 연구에서 경제성장이 남녀 간 성불평등을 완화시키는 것을 발견하였지만, 이슬람 국가에서는 그러한 현상이 덜 나타난다고 한다. 이

---

35) http://data.worldbank.org/indicator/SL.SRV.EMPL.FE.ZS

는 양성평등에 미치는 요소로 경제성장보다 문화적 관습이 더 크게 작용한다는 것을 의미한다.

그리고 일부 이슬람 국가에서는 강경 보수성향의 이슬람학자들에 의해 사회영역에서 여성 배제 주장이 일어나기도 하며(문은영, 2001), 사우디아라비아에서는 여성의 사회진출이 어려울 뿐만 아니라, 아직까지 여성 혼자 외출하거나 운전하는 것 등이 모두 금지되어 있다.[36]

따라서 이 연구에서는 특정 종교의 신도가 전체 인구의 50% 이상 차지한다면, 종교가 그 지역의 양성평등에 영향력을 행사한다고 판단하였다.[37] 따라서 종교가 있는 국가를 1, 종교가 없는 국가를 0으로 코딩하여 더미 변수를 구성하여 측정하였다. 자료는 외교통상부 홈페이지 각 국가 정보와 대한무역투자진흥공사 홈페이지의 각 국가 정보를 참고하였다.[38]

---

36) http://joongang.joins.com/article/aid/2014/12/13/16255336.html?cloc=olink|article|default

37) 본격적인 연구에 앞서 심도 있는 분석을 위해 각 국가의 종교를 세밀하게 구분하여 분석하였으나, 이 연구에서는 이미 지역적 특수성을 감안하고 있기 때문에 분석 시 종교를 정밀하게 구분할 필요가 없는 것으로 판단되었다. 즉, 범기독교, 이슬람교, 불교, 힌두교, 유대교, 무교로 구분하여 분석하였을 때, 지리적 요인인 지역과 매우 높은 상관관계를 보였고, 다중공선성이 발생하여 실제 분석에서는 종교가 있는 국가와 없는 국가로만 구분하였다.

38) 범기독교(가톨릭, 개신교, 루터교, 정교) 47개국, 이슬람교 9개국, 불교 2개국, 힌두교 8개국, 유대교 1개국, 무교 6개국으로 나타났다.

4) 정치적 요인

가. 민주주의 수준

알레시아와 로드릭(Alesina & Rodrik, 1994), 페르손과 타벨리니(Persson & Tabellini, 1994)의 연구에 의하면 민주주의가 발전한 국가일수록 정책결정에 있어서 사회소수자들의 의견을 존중하여 다양한 형태의 소득재분배 정책을 실시한다고 한다. 이러한 논의들은 사회의 전반적인 형평성을 고려한 정책으로 사회소수자들뿐만 아니라 상대적으로 사회적 지위가 열악한 남성과 여성들에게도 긍정적인 영향을 미칠 것이라고 생각하였다. 이에 민주주의 수준이 양성평등에 영향을 미친다고 판단하였다.

따라서 이 연구에서는 민주주의 수준을 측정하기 위하여 세계은행(World Bank)에서 제공하는 세계 거버넌스 지표(WGI: Worldwide Governance Indicators)의 시민의 능동적 참여(Voice and Accountability, VA) 지수를 활용하였다.[39] 시민의 능동적 참여(Voice and Accountability) 지수는 표현의 자유, 결사의 자유, 언론의 자유, 시민의 정부 선택의 참여 정도를 나타내는 지수로 각 국가의 민주주의 수준에 대해 살펴볼 수 있는 자료이다(Kaufmann. Kraay & Mastruzzi, 2010). 이 지수들은 -2.5에서 2.5까지의 값을 가지는데, 이 연구에서는 이 값들에 2.5를 더하여 지수의 최솟값을 0으로 만든 후 사용하였다.

---

[39] 국제사회에서 많이 활용되는 민주주의 지수는 프리덤 하우스, 이코노미스트, 세계은행 등에서 제공하는 자료이다. 이 연구는 개발도상국가가 다수 포함되어 있어서 선진국의 지수를 중심으로 제공하는 프리덤 하우스와 이코노미스트의 자료는 적합하지 않다고 판단하였다. 이에 연구 분석 대상의 자료를 모두 제공하고 있는 세계은행의 자료를 활용하였다.

나. 국가 안정성

국가가 테러나 폭력 등으로부터 안정되지 못했거나 국가 체제가 전복될 가능성이 큰 경우 국가의 안위를 위하여 정책은 보다 보수화될 위험이 있다. 이러한 상황에서는 새로운 정책이나 제도가 도입되기 어렵고, 특히 양성평등과 같이 가치지향적인 어젠다(agenda)는 정책 우선순위에서 밀려날 가능성이 크다. 빈번하게 전쟁이 발생하는 일부 아프리카 국가나 정치적으로 불안한 일부 아시아 국가의 경우가 이에 해당될 것이다.

따라서 이 연구에서는 국가의 안정성을 측정하기 위하여 세계은행(World Bank)에서 제공하는 세계 거버넌스 지표(WGI: Worldwide Governance Indicators)의 정치안정성과 비폭력(Political Stability and Absence of Violence/Terrorism, PS/AV) 지수를 활용하였다.

정치안정성과 비폭력(Political Stability and Absence of Violence/Terrorism) 지수는 국가 폭력, 테러, 위헌 등의 위험으로부터 불안정한 정도 또는 폭력적인 수단에 의해 전복될 가능성 등을 나타내는 지수로 각 국가의 정치적 안정과 사회 불안 수준에 대해 살펴볼 수 있는 자료이다(Kaufmann, Kraay & Mastruzzi, 2010). 이 지수들은 -3.0에서 3.0까지의 값을 가지는데, 이 연구에서는 이 값들에 3.0을 더하여 지수의 최솟값을 0으로 만든 후 사용하였다.

다. 집권당(자)의 정치적 성향

다운스(Downs, 1994)는 정치 지도자들이 지향하는 이념이나 소속 정당의 규범과 전통에 따라 국가의 정책 방향과 성향이 결정된다고 하였다. 따라서 진보적 성향의 정당(집권자)이 집권을 하게 되면 사회적 요구를 비교적 수월하게 받아들이지만, 보수적 성향의 정당(집권자)이 집권을 하게 되면 공공재화와 용역에 대한 수요가 현저히 줄어들거나 아니면 그대로인 경향을 가진다고 하였다. 이는 호주의 성인지 예산 활동이 집권당(자)의 강한 의지로 인해 비약적으로 발전했다가 집권당(자)이 바뀌면서 급격히 퇴행한 사례에서도 잘 알 수 있다(Quinn, 2009).

이에 집권당(자)의 정치적 성향은 새로운 정책을 실행하거나 제도를 도입할 때 영향을 미친다고 판단하였으며, 이는 양성평등 정책과 같은 가치지향적인 정책에 있어서도 중요한 영향을 미칠 것이라 판단하였다. 따라서 이 연구에서는 집권당(자)의 정치적 성향을 파악하기 위하여 국제의원연맹(Inter-Parliamentary Union)의 국회의원 데이터베이스(Parline Database on National Parliaments) 자료를 참고하여 연구범위에 포함되는 2006~2012년 동안 집권당(확보한 의석수)의 성향을 파악하였다.

또한 각 국가의 특수성을 고려하여 집권당의 정치적 성향뿐만 아니라 집권자(대통령, 전제군주 등)의 성향을 파악하여 반영하였다.[40]

---

40) 예를 들어, 이 연구의 시간적 범위인 2006~2012년까지 스웨덴은 진보성향이 강한 사회민주당이 집권하였으므로 진보성향으로 구분하였고, 스위스는 보수성향이 강한 국민당이 집권 중에 있으므로 보수성향으로 구분하였다. 그 외 정당이 있음에도 불구하고 왕의 권한이 절대적인 바레인, 요르단과 같은 국가는 보수성향으로 구분하였고, 군부가 쿠데타를 통해 권력을 장악하고 있는 카메룬도 보수성향으로 구분하였다. 또한 다소 진보성향이 강한 정당이 집권하였다

정치적 성향은 이분법적으로 구분하기 어려운 한계가 있기는 하나 연구의 분석을 보다 명확하게 하기 위하여 진보성향과 보수성향으로 구분하였으며, 연구범위에 포함되는 기간 동안 군부가 세력을 장악하거나 여전히 왕의 권한이 강한 국가의 경우 보수성향으로 구분하였다.[41] 따라서 진보성향을 1, 보수성향을 0으로 코딩하여 더미변수를 구성하여 측정하였다.

5) 지리적 요인

일반적으로 같은 문화권의 국가들은 비슷한 역사적·문화적 배경을 갖는다고 볼 수 있을 것이다. 이는 특정 국가들만의 공통된 성향이 반영될 수 있는 종교와 마찬가지이다. 따라서 이 연구에서는 지역적 특성이 양성평등에 영향을 미친다고 판단하였다. 지역 구분은 세계은행(World Bank)의 지역 구분을 참고하여 유럽, 중동, 아프리카, 북아메리카, 남아메리카, 아시아, 오세아니아 등 7개 지역으로 구분하였다.

이 연구에 포함된 변수별 측정도구 및 단위는 다음 <표 Ⅲ-2>와 같다.

하더라도 인물중심의 정치로 유명한 필리핀은 실질적인 권한이 그 인물에게 집중되어 있는 것을 감안하여 보수성향으로 구분하였다. 각 국가 집권 정당은 국제의원연맹 홈페이지에서 국가별 검색을 통해 수집하였고, 각 정당의 정치적 성향은 위키백과(http://ko.wikipedia.org), 21세기 정치학대사전을 참고하여 파악하였다.

41) 보수성향 국가는 43개국, 진보성향 국가는 30개국이다.

<표 Ⅲ-2> 변수측정 및 단위

구분			측정도구	단위
종속 변수	성 격차 지수		• 성 격차 지수 (경제참여 및 기회+교육성취+ 건강 및 생존+정치권한) * 성격차가 감소할수록 평등한 국가	score
독립 변수	성인지 예산의 형식적 제도화		• 성인지 예산제도 도입 시기 (연구범위: 2006~2012년) - (성인지 예산의 제도화 시기)	year
	성인지 예산의 질적 제도화		• 성인지 예산의 제도화 수준 0단계=0점, 1단계=1점, 2단계=2점, 3단계=3점, 4단계=4점	score
통제 변수	사회 경제적 요인	국가경제 수준	• 1인당 GDP	$
		실업률	• 전체 노동 가능 인구 대비 실업자 비율	%
		도시화율	• 전체 인구 대비 도시 거주자 비율	%
		종교	• 종교 있는 국가=1, 종교 없는 국가=0	
	정치적 요인	민주주의 수준	• Governance Index - Voice and Accountability (-2.5~2.5) * -2.5~2.5의 지수값을 가지는데, 이 값에 2.5를 더 하여 최솟값을 0으로 만듦.	score
		국가안정성	• Governance Index - Political Stability and Absence of Violence/ Terrorism (-3.0~3.0) * -3.0~3.0의 지수값을 가지는데, 이 값에 3.0 을 더하여 최솟값을 0으로 만듦.	score
		집권당(자)의 성향	• 진보성향=1, 보수성향=0	
	지리적 요인	지역	• 유럽, 중동, 아프리카, 남아메리카, 북아메리 카, 아시아, 오세아니아(유럽 기준으로 비교)	

2. 가설 설정 및 연구모형

1) 가설의 설정

가. 성인지 예산의 형식적 제도화

성인지 예산의 형식적 제도화는 성인지 예산의 제도화를 법률적·절차적 측면에서 형식적 기반을 갖추고 있는지를 기준으로 구분한 것으로, 성인지 예산제도의 표면적인 부분에 대해서 그 효과를 측정한다. 논자에 따라 성인지 예산제도가 형식적으로 존재하기만 할 뿐 제대로 작동하지 않을 경우 그 폐해가 더 클 것이라고 주장하기도 한다(Frey, 2008).

그러나 대다수의 성인지 예산 전문가들은 표면적이라 하더라도 성인지 예산제도가 공식화되어 제도로써 그 역할을 수행하게 되면, 이는 말이나 문서와 같은 수사적인 행위보다 더 효과적으로 양성평등 향상에 기여할 수 있을 것이라고 한다(Sharp, 2007). 이는 인도네시아와 한국의 사례에서 잘 알 수 있다. 인도네시아의 경우 성인지 예산을 실시할 때보다 성인지 예산제도를 도입하여 시행하면서부터 본격적으로 성인지 예산 할당이 의무화 되었고, 정부 차원에서 체계적인 접근이 이루어지기 시작했다. 한국의 경우에도 성인지 예산에 대한 논의가 이루어질 당시에는 큰 변화가 없었으나, 2010년 성인지 예산제도를 본격적으로 시행하게 되면서 관련 국책연구가 늘어나고, 관련 공무원 교육도 더욱 강화되는 경향을 보였다.

그리고 엘슨(Elson 2004)은 성인지 예산제도를 도입하여 시행하는 것은 성인지 예산이 정책 환경의 변화에 민감하게 반응하지 않을 수 있는 기반을 가지는 것이기 때문에 그 자체만으로도 의미가 있다고 하였다. 이는 호주의 사례에서 잘 알 수 있다. 호주는 세계 최초로 성인지 예산을 시행한 국가였지만, 제도가 안정적으로 정착되기 이전에 정권이 바뀌면서 더 이상 공식적인 논의의 대상이 되지 않았을 뿐만 아니라 오히려 정책적으로 퇴행했다는 평가를 받고 있다. 따라서 정책 환경의 변화에 민감하게 반응하지 않아도 되는 기반을 다지는 것은 매우 중요하다.

이러한 선행연구를 근거로 했을 때, 성인지 예산제도의 시행은 양성평등에 긍정적인 영향을 미칠 것이라고 판단하였다. 따라서 다음과 같은 가설을 도출하였다.

가설 1	성인지 예산의 형식적 제도화는 양성평등에 긍정적인 영향을 미칠 것이다.

나. 성인지 예산의 질적 제도화

성인지 예산의 질적 제도화는 제도화 수준을 기준으로 구분한 것으로, 성인지 예산의 질적인 부분에 대해서 그 효과를 측정한다. 앞에서 언급하였듯이 이 연구에서 정의한 성인지 예산의 제도화 수준은 발전단계를 의미하는 것은 아니다. 그러나 성인지 예산의 제도화 수준이 높아질수록 법률적·절차적인 측면에서 형식적 기반이 견고해지고, 운영방식이나 평가 체제가 정교해지는 경향이 있으므로 비록 발전단계가 아니라 할지라도 그 의미가 있다고 판단하였다.

선행연구를 통해 다양한 국가의 사례를 살펴본 결과, 성인지 예산의 제도화 수준이 높은 국가일수록 양성평등 향상을 위해 더 적극적으로 노력하는 것을 확인 할 수 있었다. 가령, 성인지 예산의 입법화 논의가 진행되거나 성인지 예산제도를 도입하여 시행하고 있는 국가는 지속적인 모니터링을 통해 성인지 예산사업에 대한 운영체제를 체계적으로 관리하고 있는 것을 확인하였다. 또한 사후점검을 통해 성인지 예산이 목적에 맞게 잘 쓰이고 있는지 확인하고, 다음 예산안에 반영할 뿐만 아니라 그 성과 관리까지 이루어지고 있었다. 그리고 일부 유럽 국가는 양성평등국 내지 성인지 예산 전담 기구를 설치하여 보다 책임감 있는 정책 시스템을 운영하고 있었다.

그러나 성인지 예산의 제도화 과정 중 형성기에 속하는 국가 중에는 정책을 담당하는 공무원이 참고할 만한 성인지 예산 매뉴얼이 매우 허술하거나 아예 없는 경우도 있었고, 성인지 예산을 시행하고 있다고 하지만 양성평등과는 무관한 사업들이 진행되기도 하였다. 또한 성인지 예산 전문가나 시민단체가 보다 나은 정책적 제안을 하고, 모니터링을 통해 시정 사항을 요구해도 실제 정책 집행 단계에서 받아들여지지 않는 경우가 많았다. 이는 비교적 성인지 예산의 제도화 수준이 높은 3단계 국가도 마찬가지였다. 이러한 정책적 한계는 결국 성인지 예산이 궁극적으로 지향하는 양성평등 향상을 저해하는 결과를 가져올 수 있다.

또 다른 사례로, 성인지 예산의 제도화 수준이 높은 국가가 성인지 예산 사업을 보다 장기적인 관점에서 계획하고, 정책을 일관되게 집행하는 경향이 있다는 것을 들 수 있다. 일반적으로 양성평등 사업은 단기간에 성과가 나타나기 어렵고, 오랜 시간을 필요로 하는 특징이 있다. 성인지 예산의 제도화 수준이 높은 국가는 비교적 이러한 특징을 잘 반영한다.

성인지 예산 관련 사업을 중장기적으로 계획하고 지속적인 지원을 통해 점진적인 변화를 추구하는 경향이 컸다. 특히 북유럽 국가의 경우 양성평등국에서 성인지 예산을 비롯한 양성평등 전반의 업무를 담당하는데, 일반적으로 정권이 바뀌어도 양성평등국의 사업은 이와 무관하게 사업이 지속적으로 진행되었으며, 그 사업을 담당하는 중요 책임자는 사업이 마무리될 때까지 바뀌지 않았다. 특별한 경우 가령, 개인적인 사정으로 업무를 지속할 수 없는 경우를 제외하고는 해당 사업이 마무리될 때까지 그 업무만 전적으로 책임을 지는 정책의 일관성을 유지하고 있었다.

그러나 성인지 예산의 제도화 수준이 낮은 국가들은 성인지 예산 사업의 기준 자체가 모호한 경향이 컸으며, 비교적 단기 프로젝트에 몰입하는 경향이 컸다. 특히 관련 사업의 성과가 가시적으로 나타날 수 있는 사업에 몰두했으며, 만약 기대 이상으로 성과가 크게 나타나거나 일정 기간 동안 효과가 미미하면 사업을 곧 중단하거나 새로운 사업에 착수하는 경향이 강했다. 이는 앞에서 언급한 양성평등 사업의 특성을 전혀 고려하지 않은 것이다.

이러한 사례에 근거했을 때, 성인지 예산의 제도화 수준에 따라서 양성평등에 미치는 영향이 다를 것이라 판단하였고, 성인지 예산의 제도화 수준이 높은 국가일수록 양성평등에 긍정적인 영향을 미칠 것이라고 판단하였다. 이에 다음과 같은 가설을 도출하였다.

| 가설 2 | 성인지 예산의 제도화 수준이 높을수록 양성평등에 긍정적인 영향을 미칠 것이다. |

---

2) 연구모형

성인지 예산의 제도화에 대한 이론적 논의와 선행연구를 바탕으로 이 연구의 분석모형을 정립하면 <그림 Ⅲ-1>과 같다.

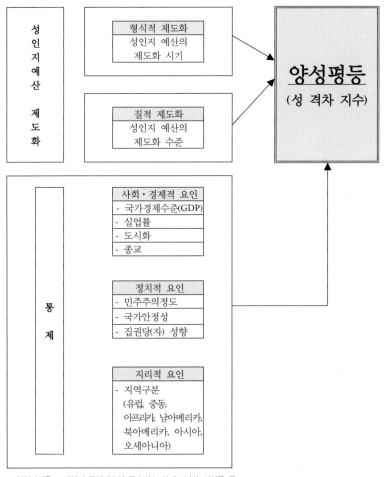

* 역인과성을 고려하여 독립변수와 종속변수 간에 1년간 시차를 둠

<그림 Ⅲ-1> 연구 모형

3. 분석대상 및 방법

1) 분석대상

이 연구의 분석대상은 세계은행 기준 229개 국가 중 성인지 예산을 시행하고 있는 73개국이다. 이를 대륙별로 구분하였을 때, 유럽에 속하는 국가는 30개국, 중동 5개국, 아프리카 13개국, 남아메리카 10개국, 북아메리카 2개국, 아시아 11개국, 오세아니아 2개국으로 나눌 수 있다.

분석대상 국가 중에서 관련법에 근거하여 성인지 예산제도를 도입하여 운영하고 있는 국가는 34개국이며, 나머지는 성인지 예산을 시행하고 있는 국가이다. 그리고 이 중에서 오스트리아와 알바니아는 2013년 성인지 예산제도를 도입했지만, 이 연구의 시간적 범위인 2006~2012년에 포함되지 않으므로 실증 연구 분석에서는 성인지 예산 시행 국가로 분류하였다.

또한 호주의 경우 1984년부터 성인지 예산을 시행하였고, 1985년 전 부처로 확대 시행함으로써 성인지 예산이 국가로부터 공식화되었다고 볼 수 있다. 그러나 1995년 정권교체 이후 1997년부터 사실상 공식적인 역할이 대폭 축소되었고, 더 이상 성인지 예산서의 제출도 의무가 아니기 때문에 실증 분석 시 성인지 예산제도 도입 운영 국가로 분류하지 않고, 성인지 예산 시행 국가로 분류하여 분석하였다. 분석대상 국가를 간단하게 정리하면 <표 Ⅲ-3>과 같다.

<표 III-3> 분석 대상 국가

지역구분	국 가 명
유럽(30)	벨기에, 불가리아, 크로아티아, 체코, 덴마크, 에스토니아, 핀란드, 프랑스, 그루지아, 독일, 헝가리, 아이슬란드, 아일랜드, 이탈리아, 리투아니아, 마케도니아, 몰도바, 네덜란드, 노르웨이, 폴란드, 루마니아, 러시아, 슬로바키아, 스페인, 스웨덴, 스위스, 우크라이나, 영국, 오스트리아, 알바니아
중동(5)	이스라엘, 요르단, 예멘, 바레인, 터키
아프리카(13)	카메룬, 에티오피아, 말리, 나이지리아, 가나, 보츠와나, 나미비아, 모리셔스, 이집트, 모로코, 남아프리카공화국, 탄자니아, 우간다
남아메리카(10)	페루, 칠레, 에콰도르, 브라질, 니카라과, 아르헨티나, 볼리비아, 코스타리카, 멕시코, 베네수엘라
북아메리카(2)	미국, 캐나다
아시아(11)	방글라데시, 인도, 인도네시아, 카자흐스탄, 한국, 말레이시아, 몽골, 네팔, 파키스탄, 필리핀, 스리랑카
오세아니아(2)	호주, 뉴질랜드

자료: Budlender & Hewitt(2003), 김영옥 외(2007)의 연구를 바탕으로 2011년 현재 UN Women 성인지 예산 홈페이지(http://www.gender-budgets.org), 한국여성정책연구원 성인지 예산센터 홈페이지(www.gb.kwdi.re.kr)를 참조하였으며, 최신자료는 2014년 기준 개별 국가에 관한 문헌 및 인터넷 자료, 신문기사를 근거로 각 국가 홈페이지를 통해 확인하였음.
합계: 73개 국가

2) 분석자료

이 연구의 자료 출처는 다음과 같다. 종속변수는 세계경제포럼에서 매년 발간하는 성 격차 보고서의 성 격차 지수를 활용하였다. 독립변수는 형식적 제도화의 경우 유엔여성(UN Women) 홈페이지 자료실에서 관련 국가 자료를 찾아 수집하였으며, 자료의 명료성을 위하여 분석대상이 되는 각 국가 홈페이지를 모두 방문하여 최근 자료와 대조함으로써 성인지 예산의 제도화 시기를 측정하였다.

질적 제도화의 경우 성인지 예산의 제도화 수준은 영연방 재무장관 회의 보고서에서 명시한 단계에 따라 구분하였으며, 김영옥 외

(2007)와 문광민·임동완(2008)의 연구에서 구분한 성인지 예산의 제도화 수준과 국가 분류를 참고하였다. 그리고 최근의 상황을 반영하기 위하여 각 국가 홈페이지를 방문하여 관련 내용을 반영하였다.

이 연구에서 통제변수로 설정한 사회·경제적 요인, 정치적 요인, 지리적 요인은 기본적으로 세계은행의 데이터베이스를 기준으로 하고 있다. 이를 보다 구체적으로 살펴보면, 사회·경제적 요인의 국가 경제 수준, 실업률, 도시화율은 세계은행에서 참고하였고, 종교는 외교통상부의 각 국가 정보 사이트와 대한무역투자진흥공사 홈페이지의 각 국가 정보 자료를 참고하였다.

정치적 요인의 민주주의 수준과 국가 안정성은 세계은행에서 제공하는 세계 거버넌스 지표의 시민의 능동적 참여(Voice and Accountability, VA)와 정치안정성과 비폭력(Political Stability and Absence of Violence/Terrorism, PS/AV) 지수를 활용하였다. 집권당(자) 성향은 국제의원 연맹 홈페이지에서 국가별 집권당(확보한 의석수)을 확인하여 정당의 성향을 파악하였다. 이 연구의 시간적 범위가 길지 않은 것을 감안하여 각 국가의 10년 동안의 정권변화를 조사하여 이 연구에 반영하였고, 집권 정당 성향을 파악하기 위하여 국제의원 연맹에서 1차적으로 국가별 자료를 수집한 후 위키백과와 21세기 정치학대사전에서 검색 기능을 이용하여 각 국가의 정당 성향을 파악하였다.

지리적 요인의 지역 구분은 세계은행에서 대륙을 구분하는 기준을 참고하였다. 변수별 자료의 출처를 간단하게 요약하면 <표 Ⅲ-4>와 같다.

구분			자료출처	작성자	시기
종속 변수	성 격차 지수 (GGI)		http://wef.org 성 격차 보고서 각 연도	세계경제포럼	
독립 변수	성인지 예산의 제도화 시기		http://www.gender-budgets.org	유엔여성기금	2006~ 2012년
	성인지 예산의 제도화 수준		영연방 재무장관 회의 보고서	Commonwealth Secretariat	
			해외의 성인지 예산: 다양성과 정책적 선택	김영옥 외	
			성인지 예산의 제도화에 대한 영향 요인 분석	문광민· 임동완	
통제 변수	사회 경제적 요인	국가 경제 수준	http://data.worldbank.org/indicator/N.GDP.PC AP.CD	세계은행	2006~ 2012년
		실업률	http://data.worldbank.org/indicator/SL.UEM.T OTL.ZS	세계은행	
		도시화율	http://data.worldbank.org/indicator/SP.URB.TO TL.IN.ZS	세계은행	
		종교	http://www.mofa.go.kr/countries/index.jsp?men u=m_40	외교통상부	
	정치적 요인	민주주의 수준	http://www.worldbank.org/en/research	세계은행	
		집권당(자) 성향	http://www.ipu.org/parline-e/parlinesearch.asp	국제의원연맹	
		국가 안정성	http://www.worldbank.org/en/research	세계은행	
	지리적 요인	지역	www.worldbank.org	세계은행	

3) 분석방법

가. 패널 분석

이 연구는 성인지 예산의 제도화가 양성평등에 미치는 영향을 알아보기 위하여 패널 분석을 실시하였다. 이 연구에서 패널 분석 방법을 선택한 이유는 데이터의 특성 때문이다. 이 연구의 분석대상은 세계은행 기준 229개 국가 중에서 성인지 예산을 시행하고 있는 73개국이고, 연구의 시간적 범위는 2006년에서 2012년(7년)이다.

따라서 이 연구의 데이터는 특정한 시점에서 여러 국가의 현상이나 특성을 모은 횡단면적 속성과 각 국가의 현상과 특성을 시간 순으로 기록함으로써 시계열적 속성을 동시에 지니고 있는 패널 데이터로써의 특성을 지닌다.[42] 따라서 데이터의 속성을 고려하였을 때 패널 분석 방법이 가장 적절하다고 판단하였다.

나. 고정효과 모형[43]

패널 분석 방법에는 고정효과 모형과 확률효과 모형이 있는데, 이 연구에서는 고정효과 모형이 적합하다고 판단하였다. 그 이유는 첫째, 데이터에서 패널 개체의 특성을 의미하는 u_i에 대한 추론 때문이다. 일반적으로 패널 개체들이 모집단에서 무작위로 추출된 표본의 개념이라면 오차항 u_i는 확률분포를 따른다고 가정할 수 있다. 그러나 주어진 패널 개체들이 모집단에서 무작위로 추출된 표본이 아니라 특정 집단 그 자체라면 오차항 u_i는 확률분포를 따른다고 할 수 없다. 즉, 이 연구 데이터의 경우 성인지 예산을 시행하는 국가들 중에서 73개 국가를 분석대상으로 하고 있으므로 오차항 u_i를 고정효과로 간주하는 것이 보다 적절하다.

둘째, 하우즈만 검정(Hausman test)을 이용하여 추정 모형의 적합

---

42) 또한 동일한 id에 동일한 연도의 데이터로 구성된 균형 패널이다.

43) 통계 이론에 대한 설명은 이희연·노승철(2012)의 『고급통계분석론: 이론과 실습』을 주로 참고하였다.

성을 검증한 결과 고정효과 모형이 더 적합하다고 확인되었다. 따라서 이 연구에서는 최종적으로 고정효과 모형을 통해 연구 결과를 분석하였다.

고정효과 모형은 개체(예를 들면 국가, 도시 등)들이 가지고 있는 고유한 시간불변적인 특성이 설명변수에 영향을 주는 것으로 전제하고 있다. 이런 경우 각 개체의 특성에 따른 영향력을 통제하여야만 설명변수가 종속변수에 미치는 영향력을 정확하게 추정할 수 있다. 따라서 고정효과 모형이란 설명변수(X)가 종속변수(Y)에 미치는 순효과(net effect)를 추정하기 위하여 시간불변적인 개체특성 효과를 통제하는 모델이라고 볼 수 있다.

절편이 모집단의 평균치를 나타내는 합동 OLS는 식(1)과 같다.

$$y_{it} = \alpha + X_{it}'\beta + e_{it} ----- (1)$$

이에 비해 시간불변적인 개별특성 효과를 고려한 고정효과 모형은 식(2)와 같다.

$$y_{it} = \alpha_i + X_{it}'\beta + e_{it} ----- (2)$$

이를 다시 정리하면 $y_{it} = X_{it}'\beta + (\alpha_i + e_{it})$ 이다.

$$i = 1, 2, \cdots\cdots, \quad n; \quad T_i \leq T$$

$$X = \{x_1, x_2, \cdots\cdots x_k\} \quad K\text{: 설명변수}$$

여기서 α_i는 알려지지 않은 각 개체의 절편이다.

고정효과 모델의 가장 큰 특징은 α_i와 X_{it}가 상관성을 갖고 있다고 전제한다. 또한 개체특성 효과가 고정된 모수(fixed parameter)이며 남은 오차항 e_{it}는 평균이 0이며 σ_e^2로 일정하고 독립적이며 동일한 분포를 가진다($e_{it} \sim IID(0, \sigma_e^2)$). 또한 설명변수 X_{it}와 e_{it}은 서로 독립적이다. 패널 모형도 회귀모형과 마찬가지로 회귀계수 (β_i)를 추정하는 것이 가장 핵심이지만, 고정된 모수인 α_i 값도 추정해야 하기 때문에 흔히 이를 성가신 모수(nuisance parameter)라 부르기도 한다.

고정효과 모형에서 시간불변적인 개체특성 효과 대신에 개체불변적인 시간특성 효과를 고려할 수 있다($y_{it} = \lambda_t + X_{it}'\beta + e_{it}$). 이런 경우 시간특성 효과($\lambda_t$)도 추정되어야 하는 모수로 간주된다. 그러나 일반적으로 N개의 개체와 T시계열을 가질 경우 시간에 따른 이질성보다는 개체 간의 이질성이 더 크게 작용하고 있어 고정효과 모형은 주로 시간불변적인 개체특성 효과를 파악하는 데 활용된다. 그러나 만약 개체들 내에서의 변이가 매우 작거나 시간에 따른 변화가 매우 느릴 경우 고정효과 모형을 사용할 필요가 없기 때문에 고정효과 모형이 합동된 회귀모형보다 더 적합한 모형인가에 대해서만 검정하면 된다.

고정효과 모형의 경우 일원 고정효과 모형과 이원 고정효과 모형으로 구분할 수 있다(<표Ⅲ-5> 참고). 고정효과 모형은 식(3)과 같이 바꾸어 나타낼 수 있다.

$$y_{it} = \alpha_i + \beta x_{it} + e_{it}$$

$$y_{it} = \alpha + \mu_i + \beta x_{it} + e_{it}$$

$$(\text{여기서 } \alpha = \frac{1}{N}\sum \alpha_i; \ \mu_i = \alpha_i - \alpha \ (\therefore \ \sum \mu_i = 0) \ ----- (3)$$

이와 같이 α는 개체특성 효과의 평균을 말하며 μ_i는 각 개체의 효과가 평균 효과로부터 얼마나 차이가 있는가를 나타낸다. 이렇게 개체특성 효과만을 고려한 일원 효과 모형에 시간특성 효과까지 고려한 이원 효과 모형을 나타내면 식(4)와 같다.

$$y_{it} = \alpha + \mu_i + \lambda_t + \beta x_{it} + e_{it} \ (\text{여기서 } \sum \mu_i = 0, \sum \lambda_t = 0) \ ----- (4)$$

개체특성과 시간특성을 나타내면 식(5)와 같다.

$$\alpha_{it} = \alpha + \mu_i + \lambda_t \ ----- (5)$$

이를 보다 자세히 풀어 쓰면 식(6)과 같다.

$$\alpha = \overline{\alpha}_{..} \equiv \frac{1}{NT}\sum_i \sum_t \alpha_{it} \ (\text{평균 효과});$$

$$\alpha + \mu_i = \overline{\alpha}_{i.} \equiv \frac{1}{T}\sum_t \alpha_{it} \ (\text{개체특성 효과});$$

$$\alpha + \lambda_t = \overline{\alpha}_{.t} \equiv \frac{1}{N}\sum_i \alpha_{it} \ (\text{시간특성 효과}) \ ----- (6)$$

이 식을 간단히 정리하면 식(7)과 같다.

$$\alpha_{it} - \overline{\alpha}_i. - \overline{\alpha}_t. + \alpha.. = 0 \quad ----- (7)$$

<표 Ⅲ-5> 일원 고정효과 모형과 이원 고정효과 모형 비교

일원 고정효과 모형	이원 고정효과 모형
$y_{it} = \alpha + X_{it}\beta + u_{it}$ $y_{it} = \mu_i + e_{it}$ $\rightarrow y_{it} = \alpha + X_{it}\beta + \mu_i + e_{it}$	$y_{it} = \alpha + X_{it}\beta + u_{it}$ $u_{it} = \mu_i + \lambda_t + e_{it}$ $\rightarrow y_{it} = \alpha + X_{it}\beta + \mu_i + \lambda_t + e_{it}$

이 연구에서는 일원 고정효과 모형을 활용하여 분석할 것이다. 그이유는 이론적으로 봤을 때, 성인지 예산의 제도화는 각 국가 간의 이질성이 시간적 이질성보다 더 중요하다고 판단된다. 그리고 이 연구의 시간적 범위가 2006~2012년으로 7년인 것을 감안하였을 때, 성인지 예산제도를 도입한 국가들이 대부분 2000년 후반에 집중되어 있는 것을 감안하면 오히려 시간적 특성을 반영할 경우 결과값의 왜곡을 가져올 수 있다고 판단하였기 때문이다.

따라서 비록 데이터상에서는 시간적 특성 효과가 있는 것으로 나타나지만, 이 연구에서는 개체특성 효과가 더 중요하기 때문에 일원 고정효과 모형을 통하여 분석 결과를 제시하고자 한다.

이 연구의 성인지 예산의 형식적 제도화 모형은 식(8), 성인지 예산의 질적 제도화 모형은 식(9)와 같다. 그리고 시행주체(정부, 시민단체, 국제기구)에 따른 성인지 예산의 제도화가 양성평등에 미치는 영향을 분석하기 위한 형식적 제도화 모형은 식(10), 질적 제도화 모형은 식(11)과 같다. 연구 분석을 위한 소프트웨어는 STATA 13.1을 사용하였다.

성인지 예산의 형식적 제도화:

$$Y(양성평등)_{it} = \beta_0 + \beta_1(형식적제도화)_{it} + \beta_2(로그1인당GDP)_{it} + \beta_3(실업률)_{it} + \beta_4(도시화)_{it} + \beta_5(종교) + \beta_6(민주주의)_{it} + \beta_7(국가안정성)_{it} + \beta_8(집권당성향) + \beta_9(지역) + \mu_i + \epsilon_{it} \ -----(8)$$

성인지 예산의 질적 제도화:

$$Y(양성평등)_{it} = \beta_0 + \beta_1(질적제도화)_{it} + \beta_2(로그1인당GDP)_{it} + \beta_3(실업률)_{it} + \beta_4(도시화)_{it} + \beta_5(종교) + \beta_6(민주주의)_{it} + \beta_7(국가안정성)_{it} + \beta_8(집권자성향) + \beta_9(지역) + \mu_i + \epsilon_{it} \ -----(9)$$

시행주체에 따른 성인지 예산의 형식적 제도화:

$$Y(양성평등)_{it} = \beta_0 + \beta_1(형식적제도화)_{it} + \beta_2(로그1인당GDP)_{it} + \beta_3(실업률)_{it} + \beta_4(도시화)_{it} + \beta_5(종교) + \beta_6(민주주의)_{it} + \beta_7(국가안정성)_{it} + \beta_8(집권당성향) + \mu_i + \epsilon_{it} \ -----(10)$$

시행주체에 따른 성인지 예산의 질적 제도화:

$$Y(양성평등)_{it} = \beta_0 + \beta_1(질적제도화)_{it} + \beta_2(로그1인당GDP)_{it} + \beta_3(실업률)_{it} + \beta_4(도시화)_{it} + \beta_5(종교) + \beta_6(민주주의)_{it} + \beta_7(국가안정성)_{it} + \beta_8(집권자성향) + \mu_i + \epsilon_{it} \ -----(11)$$

제4장 성인지 예산의 제도화가 양성평등에 미치는 영향

1. 기초통계

본격적인 연구 분석에 앞서 이 연구의 분석모형에서 설정된 변수들에 대한 기술통계에 대해 살펴보았다.

1) 기술통계

이 연구의 분석모형에서 설정된 변수들에 대한 기술통계량은 <표 Ⅳ-1>과 같다. 연구의 분석단위가 되는 성인지 예산 시행 국가는 73개국이며, 연구의 시간적 범위는 2006~2012년으로 모집단의 수는 총 511개이다. 그러나 이 연구에서는 종속변수와 독립변수 간에 1년간 시차를 두었으므로 독립변수의 모집단 수는 총 438개이다.

<표 Ⅳ-1> 기술통계량

변수	N	평균	표준편차	최솟값	최댓값
성 격차 지수(GGI)	511	.6870587	.0650249	.451	.864
성인지 예산의 제도화 시기	511	2.469667	3.762894	0	18
성인지 예산의 제도화 시기_시차1기	438	2.253425	3.518135	0	17
성인지 예산의 제도화 수준 0단계[1]	511	.0508806	.2199693	0	1
성인지 예산의 제도화 수준 1단계	511	.2152642	.4114082	0	1
성인지 예산의 제도화 수준 2단계	511	.2113503	.4086663	0	1
성인지 예산의 제도화 수준 3단계	511	.1213307	.3268312	0	1
성인지 예산의 제도화 수준 0단계_시차1기	438	.0593607	.2365688	0	1
성인지 예산의 제도화 수준 1단계_시차1기	438	.2123288	.409424	0	1
성인지 예산의 제도화 수준 2단계_시차1기	438	.2146119	.4110223	0	1
성인지 예산의 제도화 수준 3단계_시차1기	438	.1232877	.3291431	0	1
국가경제수준(GDP)	511	8.917812	1.476513	5.252273	11.50927
실업률	511	8.195479	5.432921	2	37.5
도시화	511	63.13065	20.68961	13.3	97.7
종교[2]_종교가 있는 국가	511	.9178082	.2749258	0	1
민주주의 정도	511	2.853464	.857829	1.08	4.25
국가안정성	511	2.976341	.9695219	.19	4.5
집권당(자) 성향[3]_진보성향	511	.4109589	.4924899	0	1
지역 구분[4]_중동	511	.0684932	.2528378	0	1
지역 구분_아프리카	511	.1780822	.3829568	0	1
지역 구분_남아메리카	511	.1369863	.3441698	0	1
지역 구분_북아메리카	511	.0273973	.163398	0	1
지역 구분_아시아	511	.1506849	.3580921	0	1
지역 구분_오세아니아	511	.0273973	.163398	0	1

1) 성인지 예산의 제도화=4단계 기준
2) 종교가 없는 국가=0, 종교가 있는 국가=1
3) 보수성향=0, 진보성향=1
4) 유럽=0, 중동, 아프리카, 남아메리카, 북아메리카, 아시아, 오세아니아=1

이 연구의 종속변수와 독립변수를 중심으로 기초통계 부분을 살펴보겠다.

먼저 종속변수인 성 격차 지수는 세계경제포럼에서 매년 발간하는 글로벌 성 격차 보고서(The Global Gender Gap Report)를 통해 발표되며, 2006년부터 약 100여 개 국가가 조사 대상국으로 참여하고 있다. 2014년에는 142개 국가가 조사 대상국으로 참여하였다 (<그림 Ⅳ-1> 참고).

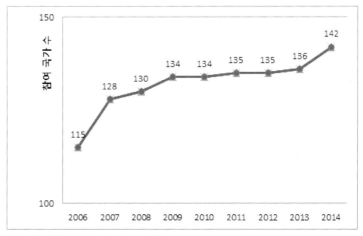

자료: The Global Gender Gap Report 2014

<그림 Ⅳ-1> 세계경제포럼 성 격차 보고서 조사 대상 국가 수

성 격차 지수는 양성평등의 수준이 아닌 각 분야의 성 격차 정도를 측정한다는 점에서 다른 양성평등지수와 차별적이다. 처음 이 지수가 발표되었을 때는 신뢰성과 타당도의 문제가 거론되었으나, 매년 수정 작업을 통해 개선되고 있으며, 이러한 문제는 다른 양성평

등지수도 모두 갖는 한계라는 점에서 국가 간 비교 분석 연구에 있어 이 지수를 활용하는 데 큰 문제가 되지 않는다. 따라서 현재 각 국가의 양성평등 정도를 알아보는 국가 간 비교 연구에서 많이 활용되고 있다.

매년 조사 결과가 달라지기는 하지만, 일반적으로 서유럽 국가들이 높은 점수를 받고 있으며, 특히 북유럽 국가들이 이들 중에서도 상위권에 속해 있다. 반면, 아프리카의 르완다, 라틴아메리카의 니카라과, 아시아의 필리핀 등도 높은 점수를 받는 국가 중의 하나인데, 이 국가들은 양성평등의 수준은 높지 않지만, 각 분야에서 남녀 간 성 격차가 크지 않기 때문이다.

다음으로 이 연구의 독립변수인 성인지 예산의 제도화 시기는 성인지 예산제도를 도입한 시기부터 현재 연구의 시간적 범위를 뺀 것으로 성인지 예산제도를 시행하지 않는 국가부터 성인지 예산을 도입한 지 18년이 되는 국가까지 있다. 이 연구에서 성인지 예산제도를 도입하여 시행하는 국가는 총 36개국이며, 이 중에서 연구 분석에 포함되는 국가는 오스트리아와 알바니아를 제외한 34개 국가이다. 오스트리아와 알바니아는 2013년에 성인지 예산제도를 도입하였기 때문에 성인지 예산 시행국가로 분류하였다.

성인지 예산제도를 도입하여 시행한지 가장 오래된 국가는 필리핀으로 1995년 처음 제도를 도입하였다. 그 다음으로 네덜란드가 오래되었으며, 독일, 덴마크, 노르웨이, 남아프리카공화국 등이 이어서 2000년 초반에 성인지 예산제도를 도입하였다. 성인지 예산의 제도화 시기는 <표 Ⅳ-2>와 같다.

<표 Ⅳ-2> 국가별 성인지 예산제도 도입 시기

도입 시기	국가명
1995	필리핀
2001	네덜란드
2002	독일, 덴마크, 노르웨이, 남아프리카공화국
2003	아르헨티나, 불가리아, 볼리비아
2004	스웨덴, 핀란드, 스리랑카, 영국
2005	모로코, 코스타리카, 캐나다, 인도, 네팔, 말레이시아
2006	프랑스, 이탈리아, 탄자니아, 파키스탄
2007	스페인, 우간다, 이집트
2008	베네수엘라, 멕시코
2009	벨기에
2010	한국
2011	인도네시아, 방글라데시, 아이슬란드, 아일랜드
2013	오스트리아, 알바니아

자료: 유엔여성(UN Women), 각 국가 홈페이지

성인지 예산의 제도화 수준은 영연방 재무장관 회의 보고서를 기준으로 4단계로 구분하였다. 그리고 각 국가를 단계별로 분류한 기준은 김영옥 외(2007)와 문광민·임동완(2008)의 선행연구를 참고하였으며, 각 국가 홈페이지를 통해 최근의 자료를 중심으로 재구성하였다.

1단계는 여건 조성 단계로 터키, 에콰도르, 니카라과, 보츠와나, 바레인 등의 국가가 포함되었으나, 최신 자료를 바탕으로 연구자가 추가한 국가를 포함하여 총 17개 국가가 분석 대상이 되었다. 추가된 국가는 몽골, 말리, 헝가리, 슬로바키아, 체코, 루마니아, 리투아니아, 우크라이나, 크로아티아, 에티오피아, 가나, 그루지아 등이다.

1단계에 포함된 국가 특성을 살펴보면, 먼저 지역적으로 유럽에 속하는 국가들이 많으며 주로 체제 전환국들이 많이 분포되어 있다. 사회·경제적 요인인 국가 경제 수준은 유럽 지역 국가들이 높게 나타나며, 실업률은 대체로 비슷하나 아프리카의 보츠와나가 18.4%로 가장 높고, 그 다음은 최근까지 내전을 겪은 그루지아가 15.2%로 높게 나타나고 있다.

그리고 전반적으로 바레인과 터키, 체코를 제외하고 도시화율은 70%를 넘지 않고 매우 낮다. 종교는 지역적으로 유럽과 남아메리카 지역은 범기독교 국가로 형성되어 있으며, 중동 지역은 이슬람교, 아시아인 몽골은 불교, 아프리카는 다양한 종교가 분포되어 있다. 정치적 요인인 민주주의 수준을 살펴보면, 전반적으로 비슷한 수준이지만 일부 유럽 국가가 높게 나타나고, 왕정 국가인 바레인의 경우 매우 낮게 나타난다. 국가 안정성도 대체로 낮게 나타나는데 특히 내전을 겪은 우크라이나와 아프리카 지역 국가들이 낮게 나타나고, 남아메리카 지역의 국가도 낮게 나타난다. 집권당 정치 성향은 국가마다 차이가 있지만 대체로 보수적인 경향이 강하게 나타난다. 이를 간단히 나타내면 <표 Ⅳ-3>과 같다. 각 국가의 특징은 2006~2012년의 평균값을 제시하였다.

지역	국가명	국가 경제 수준	실업률	도시화율	민주주의 수준	국가 안정성	집권당 성향	종교
유럽 (8)	그루지아	2,685	15.2	52.6	2.30	3.93	보수	정교
	루마니아	8,230	6.8	53.6	2.93	3.18	보수	정교
	리투아니아	12,602	10.7	66.7	3.36	3.70	보수	가톨릭
	헝가리	13,114	9.34	68.3	3.40	3.71	진보	가톨릭
	체코	18,689	6.31	73.2	3.47	3.99	보수	무교
	슬로바키아	16,241	12.5	54.8	3.42	3.96	진보	가톨릭
	우크라이나	3,175	7.4	68.4	2.44	2.94	보수	정교
	크로아티아	13,599	11.2	57.2	2.95	3.57	보수	가톨릭
아프리카 (4)	가나	1,274	3.5	49.9	2.93	2.75	보수	개신교
	말리	684	8.2	35.1	2.55	2.68	보수	힌두교
	보츠와나	6,272	18.4	55.9	2.95	3.98	보수	무교
	에티오피아	325	5.4	16.9	1.24	1.36	보수	정교
중동(2)	바레인	21,263	7.7	88.4	1.50	2.48	보수	이슬람교
	터키	9,636	10.8	70.0	2.37	2.09	보수	이슬람교
남아메리카(2)	니카라과	1,500	6.6	56.9	2.70	2.08	진보	가톨릭
	에콰도르	4,337	5.3	62.4	2.20	2.28	진보	가톨릭
아시아(1)	몽골	2,281	5.9	57.4	2.62	3.59	진보	불교

합계: 17개 국가
민주주의 수준: 최저 0점, 최고 5점, 국가안정성: 최저 0점, 최고 6점

　　2단계는 개시 단계로 칠레, 브라질, 미국, 러시아, 나미비아, 폴란드 등이 포함되었으나, 최신 자료를 바탕으로 연구자가 추가한 국가를 포함하여 총 15개 국가가 분석 대상이 되었다. 추가된 국가는 카메룬, 예멘, 나이지리아, 에스토니아, 몰도바, 요르단, 알바니아, 마케도니아, 카자흐스탄 등이다. 2단계에 포함된 국가들은 대부분 시민단체 주도로 성인지 예산을 이제 막 시작한 국가들이 많이 포함되어 있다.

　　그리고 2단계에 포함된 미국의 경우 추가적인 설명이 필요한데, 일반적으로 미국은 여성의 교육수준이나 정치 참여, 경제활동 면에

서 시스템이 잘 갖추어져 있기 때문에 양성평등 수준이 높은 국가에 해당된다. 그러나 성인지 예산은 시행만 할 뿐 관련법에 근거하여 제도로써 운영하고 있지 않으며, 샌프란시스코와 같이 매우 적극적으로 시행하여 성인지 예산의 제도화 수준이 4단계로써 높은 주도 있지만, 대부분 지역을 중심으로 성인지 예산에 대한 논의만 이루어지는 경향이 크기 때문에 2단계로 편성하는 것이 바람직하다고 판단되었다.[44]

2단계에 포함된 국가들 특성을 살펴보면, 먼저 지역적으로 유럽에 속하는 국가들이 많으며 1단계에서와 같이 체제 전환국들이 다수이다. 사회·경제적 요인인 국가 경제 수준은 북아메리카의 미국을 제외한 유럽의 몇몇 국가들이 10만 달러를 조금 넘는 것으로 나타나며, 5천 달러 미만의 개발도상국가도 많이 포함되어 있다. 실업률은 대체로 비슷하나 마케도니아의 경우 33.0%로 매우 높게 나타나는데, 이는 체제전환 이후 정권 교체 등으로 인한 사회적 혼란이 영향을 미친 것으로 보인다.

도시화율은 지역적으로 차이는 있지만, 대체로 도시화가 잘 이루어진 국가들이 많다. 종교는 지역적으로 유럽과 남아메리카 지역은 범기독교로 형성되어 있고, 중동 지역은 이슬람교가 대부분이다. 그러나 알바니아는 지역적으로 유럽에 속하지만, 문화적으로는 중동 국가와 비슷한데, 이러한 영향으로 이슬람 신자가 대부분인 이슬람 국가이다. 카자흐스탄도 마찬가지로 지역적으로 아시아에 속하지만, 문화는 이슬람권이다.

---

44) 선행연구에서도 미국 제도화 수준 2단계에 편성되었으며, 최신 자료를 참고하였을 때에도 크게 달라지거나 변화된 모습이 없었으므로 2단계에 편성하는 것이 적절하다고 판단하였다.

정치적 요인인 민주주의 수준을 살펴보면, 2단계의 국가들은 대체로 민주주의 수준이 낮게 난다. 특히 특정 종교가 오랜 시간 지배한 국가이거나 왕정 국가 또는 군부가 정권을 장악하고 있는 국가의 경우 더욱 낮게 나타나는 경향이 크다. 국가 안정성은 민족 간 갈등이 빈번한 아프리카의 나이지리아와 중동의 예멘이 아주 낮게 나타났다. 집권당 정치 성향은 국가마다 차이는 있지만 대체로 보수적인 경향을 띤다. 이를 간단히 나타내면 <표 Ⅳ-4>와 같다. 각 국가의 특징은 2006~2012년의 평균값을 제시하였다.

<표 Ⅳ-4> 성인지 예산의 제도화 수준 2단계 국가 특성
(2006~2012년 평균)

지역	국가명	국가 경제 수준	실업률	도시화율	민주주의 수준	국가 안정성	집권당 성향	종교
유럽(6)	러시아	10,647	6.67	73.5	1.60	2.11	보수	정교
	에스토니아	15,624	9.8	68.1	3.58	3.59	보수	개신교
	몰도바	1,578	6.0	44.9	2.29	2.74	진보	정교
	폴란드	11,957	9.6	60.9	3.45	3.83	진보	가톨릭
	알바니아	4,064	13.6	51.0	2.58	2.79	보수	이슬람교
	마케도니아	4,296	33.0	57.0	2.61	2.53	보수	정교
아프리카(3)	카메룬	1,122	3.98	50.8	1.44	2.48	보수	무교
	나이지리아	1,738	7.5	42.5	1.73	0.99	보수	힌두교
	나미비아	4,697	23.8	40.5	2.90	3.93	보수	개신교
중동(2)	예멘	1,253	16.2	31.1	1.22	0.93	보수	이슬람교
	요르단	3,929	12.8	82.1	1.76	2.5	보수	이슬람교
남아메리카(2)	칠레	11,858	7.6	88.2	3.54	3.49	진보	가톨릭
	브라질	9,264	7.58	84	2.69	2.87	진보	가톨릭
북아메리카(1)	미국	48.554	7.4	80.5	3.60	2.52	진보	개신교
아시아(1)	카자흐스탄	8,612	6.3	53.9	1.4	3.2	보수	이슬람교

합계: 15개 국가
민주주의 수준: 최저 0점, 최고 5점, 국가안정성: 최저 0점, 최고 6점

3단계는 분석에서 실천으로의 이전 단계로 성인지 예산에 대한 논의가 활발해져서 입법화가 추진되는 단계이다. 성인지 예산제도를 도입하기 위한 바로 직전 단계로 볼 수 있다. 3단계에는 호주, 스위스, 뉴질랜드, 페루, 오스트리아, 모리셔스가 포함되며, 최신 자료를 바탕으로 연구자가 추가한 이스라엘을 포함하여 총 7개 국가가 분석 대상이 되었다.

이스라엘은 1997년부터 정부의 몇몇 부처에서 성인지 예산을 시행하였으며, 최근에는 모든 부처에서 성인지 예산을 시행하기로 하였다. 그러나 성인지 예산에 대한 법적 근거가 없으므로 각 부처에서 반영하지 않는다고 하여도 페널티가 부과되지 않기 때문에 자발적으로 시행하는 부처는 많지 않다(UNIFEM, 2008).

3단계에 포함된 국가들 특성을 살펴보면, 먼저 지역적 분포를 봤을 때 아시아와 북아메리카 지역의 국가는 포함되지 않았다. 유럽 지역 국가로는 스위스와 오스트리아가 있다. 이 두 국가는 제도화 수준은 같게 분류했지만 시행주체, 유형, 발전 과정 등 성인지 예산의 특징은 매우 다르다.

스위스는 1996년 성인지 예산을 처음으로 시행하였으며, 시민단체 주도하에 2000년 처음으로 8개 지역에 시범 프로젝트를 한 이후 지속적으로 성인지 예산을 시행하고 있다(Madoerin, 2007). 그러나 여전히 성인지 예산의 제도화에 대한 논의만 진행될 뿐 적극적인 제도 도입은 추진되지 않고 있다.

오스트리아는 정부 주도하에 1차 재정개혁에서 성과주의에 기반을 둔 성인지 예산이 논의되었고, 2차 재정개혁 후 성인지 예산이 포함된 성과주의 예산제도가 본격적으로 시행되었다. 성과관리부에 의해 주도면밀하게 관리 및 통제 되고 있으며, 의회예산국과 감사원에서도 성인지 예산에 담긴 질적 정보를 체계적으로 관리함으로써 성과관리에 굉장히 능동적으로 참여하고 있다(정가원 외, 2013). 이에 성인지 예산제도의 선도국으로 주변 국가에 모범이 되고 있다(Klatzer, 2008; 정가원, 2011; 정가원 외, 2013).[45]

그리고 3단계에는 오세아니아 지역의 호주와 뉴질랜드가 포함된다. 호주는 성인지 예산제도를 가장 먼저 도입한 국가이지만, 정권 변화 이후 급격히 퇴행하여 현재 일부 주에서만 성인지 예산을 시행하고 있다. 따라서 3단계로 분류하였으며, 뉴질랜드는 성인지 예산과 관련한 직접적인 법적 근거는 없지만, 정부 차원에서 모든 부처에 성인지 예산을 실시하고 있기 때문에 3단계로 분류하였다.

사회·경제적 요인인 국가 경제 수준은 아프리카의 모리셔스와 남아메리카의 페루를 제외하고, 모든 국가가 선진국으로 분류할 수 있는 기준인 2만5천 달러를 넘는다. 실업률은 다른 단계의 국가에 비해 높지 않으며, 모리셔스를 제외하고 도시화율도 모두 높은 편이다. 종교는 지리적으로 아프리카에 속하지만 중동 지역 문화권인 모리셔스가 힌두교, 이스라엘이 유대교, 그 외는 가톨릭, 개신교 등 범기독교 국가로 형성되어 있다.

정치적 요인인 민주주의 수준은 모든 국가가 높게 나타났으나 페루는 비교적 낮게 나타났다. 국가 안정성은 현재 팔레스타인과 전쟁 중인 이스라엘이 가장 낮게 나타났으며, 집권당의 성향은 국가에 따라 차이가 있지만 진보와 보수 간 비슷하게 나타났다. 이를 간단히

---

45) 그러나 오스트리아는 2013년에 성인지 예산제도를 본격 시행함으로써 이 연구에서는 3단계로 분류하였다.

나타내면 <표 Ⅳ-5>와 같다. 각 국가의 특징은 2006~2012년의 평균값을 제시하였다.

<표 Ⅳ-5> 성인지 예산의 제도화 수준 3단계 국가 특성
(2006~2012년 평균)

지역	국가명	국가 경제 수준	실업률	도시화율	민주주의 수준	국가 안정성	집권당 성향	종교
유럽(2)	스위스	68,645	3.8	73.5	4.10	4.27	보수	가톨릭
	오스트리아	45,903	4.3	65.8	3.92	4.21	진보	가톨릭
아프리카(1)	모리셔스	6,781	7.7	40.7	3.33	3.79	보수	힌두교
중동(1)	이스라엘	28,375	6.8	91.7	3.14	1.70	보수	유대교
남아메리카(1)	페루	4,630	4.2	76.5	2.56	2.10	진보	가톨릭
오세아니아(2)	호주	50,120	4.8	88.5	3.93	3.91	진보	개신교
	뉴질랜드	32,167	5.3	86.1	4.05	4.21	보수	개신교

합계: 7개 국가
민주주의 수준: 최저 0점, 최고 5점, 국가안정성: 최저 0점, 최고 6점

마지막으로 성인지 예산의 제도화 수준이 가장 높은 4단계는 효과와 제도화 단계로 성인지 예산제도를 도입하여 시행하고 있는 단계이다. 성인지 예산의 제도화 수준 가운데 4단계에 가장 많은 국가가 포함되어 있다. 필리핀, 핀란드, 프랑스, 파키스탄, 탄자니아, 캐나다 등 29개 국가가 있으며, 이 중에서 최신 자료를 바탕으로 추가한 국가는 코스타리카, 이집트, 베네수엘라, 아르헨티나, 한국 등 5개 국가가 있다. 이에 총 34개 국가가 분석 대상이 된다. 그동안 자료 수집의 한계로 인하여 라틴아메리카 지역의 현황을 잘 파악하지 못했으나, 최근 라틴아메리카 지역에 관한 영문 자료가 발간되면서 연구에 추가할 수 있었다.

4단계 국가에 대해서 구체적으로 살펴보면, 사회·경제적 요인인 국가 경제 수준은 유럽 지역은 불가리아를 제외하고 선진국 분류의

기준이 되는 2만5천 달러를 훨씬 넘는 것으로 나타나지만, 아프리카, 남아메리카, 아시아 지역 국가들은 국가 경제 수준이 높은 것은 아니다. 특히 아프리카의 에티오피아, 우간다 등은 연구 대상 국가 가운데서도 매우 낮은 편에 속한다. 따라서 이러한 자료에 기초했을 때, 성인지 예산제도를 도입하여 운영하는 국가군에서 국가 경제 수준은 지역에 따라 차이가 매우 크게 난다는 것을 확인할 수 있다.

실업률은 국가 간 대체로 비슷하게 나타나지만 유럽 지역 내에서 아일랜드와 스페인이 높게 나타나는데, 이는 지난 2008년 글로벌 금융위기 이후 심화된 것으로 생각된다. 특히 스페인의 경우 하반기로 갈수록 실업률이 급격히 증가하는 것으로 나타난다. 제도화 수준 4단계 국가 전체에서는 아프리카의 남아프리카공화국이 23.6%로 실업률이 가장 높게 나타난다.

도시화율을 살펴봤을 때, 유럽 지역 국가와 북아메리카, 남아메리카 지역 국가는 높게 나타나며, 아프리카, 아시아 지역은 비교적 낮게 나타난다. 이는 아직까지 아프리카와 일부 아시아 지역은 농업이 주된 생계수단이기 때문이다.

종교는 유럽 지역의 경우 대부분 범기독교 국가들이며, 아프리카 지역은 가톨릭과 이슬람교로 나뉘고, 남아메리카 지역은 모두 가톨릭 국가이며, 아시아 지역은 힌두교, 불교, 이슬람교 등 국가별로 다양하게 분포되어 있다.

정치적 요인인 민주주의 수준은 유럽 지역과 북아메리카 지역은 대부분 높게 나타나지만, 아프리카와 아시아 지역은 비교적 낮게 나타난다. 이는 정치 체제가 불안한 것이 원인으로 보인다. 국가 안정성은 유럽 지역의 경우 최근 국가 경제 위기로 인해 정세가 불안한 스페인을 제외하고 모두 안정적인 것으로 보이며, 아프리카, 남아메리카, 북아메리카, 아시아 지역도 몇 개 국가를 제외하고는 안정적으로 보인다. 아시아 지역의 파키스탄은 전체 국가 중에서 국가 안정성이 가장 낮은 국가로 나타났다. 이는 오사마 빈라덴의 은신처였던 이슬람 수니파 무장 테러 단체들의 근거지이기 때문인 것으로 생각된다.

집권당의 정치적 성향은 대부분의 국가가 진보와 보수가 고르게 분포되어 있지만, 남아메리카 지역의 경우 집권당의 정치적 성향이 진보적인 경향이 있었다. 이를 간단히 나타내면 <표 Ⅳ-6>과 같다. 각 국가의 특징은 2006~2012년의 평균값을 제시하였다.

<표 IV-6> 성인지 예산의 제도화 수준 4단계 국가 특성 (2006~2012년 평균)

지역	국가명	국가 경제 수준	실업률	도시화율	민주주의 수준	국가 안정성	집권당 성향	종교
유럽(14)	핀란드	45,789	7.4	83.3	4.03	4.43	진보	루터교
	프랑스	40.294	8.7	78.0	3.74	3.56	보수	가톨릭
	이탈리아	35,576	7.7	68.1	3.49	3.47	보수	개신교
	영국	40,069	6.8	80.9	3.82	3.41	진보	개신교
	스웨덴	50,287	7.4	84.8	4.08	4.16	진보	루터교
	불가리아	6,299	8.8	71.9	3.02	3.33	보수	정교
	독일	41,057	7.4	74.0	3.85	3.87	보수	가톨릭
	덴마크	56,998	5.6	86.5	4.1	4.02	보수	루터교
	노르웨이	87,854	3.0	78.7	4.25	4.12	진보	루터교
	네덜란드	47,567	3.9	86.1	4.05	3.94	보수	무교
	아일랜드	52,123	9.9	61.5	3.87	4.04	진보	가톨릭
	아이슬란드	48,190	5.1	93.4	3.96	4.25	보수	루터교
	스페인	30,698	12.6	78.1	3.60	2.76	진보	가톨릭
	벨기에	43,627	7.6	97.5	3.85	3.80	보수	가톨릭
아프리카(5)	탄자니아	494	3.0	27.4	2.33	2.87	진보	무교
	이집트	2,411	10.0	43.0	1.40	2.08	보수	이슬람교
	모로코	2,714	9.2	57.1	1.77	2.54	보수	이슬람교
	남아프리카공화국	6,392	23.6	61.6	3.07	3.03	진보	개신교
	우간다	442	3.3	14.1	2.01	2.01	보수	가톨릭
남아메리카(5)	코스타리카	7,130	6.5	70.4	3.3	3.59	진보	가톨릭
	볼리비아	1,830	3.7	65.9	2.44	2.38	진보	가톨릭
	베네수엘라	10,691	8.0	88.6	1.66	1.80	진보	가톨릭
	멕시코	9,085	4.3	77.5	2.61	2.29	진보	가톨릭
	아르헨티나	10,669	8.1	90.7	2.81	2.99	진보	가톨릭
북아메리카(1)	캐나다	46,199	7.0	80.7	3.92	4.01	보수	가톨릭
아시아(9)	필리핀	1,986	7.3	45.5	2.42	1.43	보수	가톨릭
	파키스탄	1,039	5.1	36.1	1.61	0.45	진보	힌두교
	인도	1,220	3.7	30.5	2.91	1.79	보수	힌두교
	스리랑카	2,180	5.4	18.2	2.02	1.76	보수	불교
	말레이시아	8,339	3.2	70.0	2.02	2.80	보수	힌두교
	네팔	528	2.6	16.4	1.90	1.33	진보	힌두교
	한국	31,154	3.3	81.8	3.17	3.36	진보	무교
	방글라데시	596	4.4	29.6	2.09	1.55	진보	힌두교
	인도네시아	2,555	7.9	48.9	2.43	2.05	보수	이슬람교

합계: 34개 국가
민주주의 수준: 최저 0점, 최고 5점, 국가안정성: 최저 0점, 최고 6점

2) 상관관계분석

변수 간의 상관관계를 분석한 결과 국가안정성과 민주주의 수준 변수의 상관계수가 0.803, 국가안정성과 국가 경제 수준 변수의 상관계수가 0.714, 민주주의 정도와 국가 경제 변수가 0.774, 국가 경제 수준과 도시화율 변수가 0.813으로 각 변수 간의 상관관계가 다소 높게 나타났다.

그러나 다중공선성이 의심되는 상관계수 0.8을 상회하는 변수가 많지 않고, 다중공선성 검증 결과 VIF값이 10을 넘지 않는 수준이므로 연구 분석에 있어 크게 문제 되지 않는다고 판단하였다. 또한 위 변수들은 종속변수에 영향을 미칠 것으로 예상되는 통제변수로서 해석상의 문제가 없다고 판단되어 연구 분석에 포함시키기로 하였다. 상관관계분석표는 <표 Ⅳ-7>과 같다.

<표 Ⅳ-7> 상관관계분석표

	제도	4단계	1단계	2단계	3단계	PS	VA	GDP	종교	도시	실업	성향	지역1	지역2	지역3	지역4	지역5	지역6
제도	1																	
0단계	-.152**	1																
1단계	-.344**	-.121**	1															
2단계	-.340**	-.120**	-.271**	1														
3단계	-.244**	-.086	-.195**	-.192**	1													
PS	-.028	-.131**	.072	-.124**	.204**	1												
VA	.122**	-.235**	-.078	-.198**	.314**	.803**	1											
GDP	.039	.143**	-.148**	-.110**	.312**	.714**	.774**	1										
종교	.013	.069	-.086	-.020	.089*	-.145**	-.019	.033	1									
도시	-.028	-.025	-.113*	-.075	.230**	.532**	.561**	.813**	.008	1								
실업	-.138**	.044	.156**	.088*	-.081	.022	-.029	.000	.093*	-.043	1							
성향	.036	-.157**	-.099*	.055	-.030	.070	.165**	.076	.047	.160**	-.155**	1						
지역1	-.178**	.255**	.028	.049	.065	.287**	-.269**	.006	.081	.126**	.136**	-.226**	1					
지역2	.009	.032	.042	.022	-.063	-.143**	-.308**	-.474**	-.252**	-.493**	.142**	-.243**	-.126**	1				
지역3	.006	-.040	-.015	.045	-.061	-.133**	-.105*	-.073	.119**	.251**	-.145**	.477**	-.108*	-.185**	1			
지역4	.001	-.039	-.088*	.119**	-.062	.136**	.178**	.210**	.050	.050	-.030	-.030	-.046	-.078	-.067	1		
지역5	.158**	.052	-.127**	-.030	-.140**	-.357**	-.301**	-.330**	-.013	-.013	-.243**	.037	-.114**	-.196**	-.168**	-.071	1	
지역6	-.110*	-.039	-.088*	-.087*	.452**	.189**	.223**	.190**	.050	.050	-.095*	.030	-.046	-.078	-.067	-.028	-.071	1

N=511, *P<0.01, **P<0.05
제도: 형식적 제도화, 각 단계: 질적 제도화(4단계 기준: 0~3단계) PS: 국가안정성 VA: 민주주의 정도 성향: 집권당(자) 성향-진보
지역: 지역1-중동, 지역2-아프리카, 지역3-남아메리카, 지역4-동아메리카, 지역5-아시아, 지역6-오세아니아

2. 성인지 예산의 제도화가 양성평등에 미치는 영향 분석

1) 성인지 예산의 형식적 제도화가 양성평등에 미치는 영향 분석

성인지 예산의 형식적 제도화는 유의수준 P<0.001의 수준에서 정(+)의 방향으로 통계적으로 매우 유의미하게 나타났다. 이는 법률적·절차적 측면에서 형식적 기반을 갖춘 국가가 그렇지 않은 국가보다 양성평등에 더 긍정적인 영향을 미친다고 해석할 수 있다.

성인지 예산의 형식적 제도화가 양성평등에 미치는 영향을 보다 명확히 관찰하기 위하여 통제한 변수들을 살펴보면, 사회·경제적 요인 중에서 실업률 변수와 도시화율 변수가 양성평등에 유의미한 영향을 미치는 것으로 나타났고, 정치적 요인 변수들은 유의미하지 않게 나타났다. 그리고 지역적 요인을 비롯한 시간의 흐름에도 변하지 않는 변수들은 모두 상수항에 포함되어 회귀계수에 영향을 미치는 것으로 반영되었다. 분석 결과는 <표 Ⅳ-8>과 같다.

<표 Ⅳ-8> 성인지 예산의 형식적 제도화 일원 고정효과 분석 결과

구분		변수명	R-sq: within =0.1544 between =0.2492 overall =0.2442		전체 사례 수 = 438 F(6,359) = 10.92 Prob>F = 0.0000	
종속 변수		양 성 평 등	Coef.	Std. Err.	t	p> |t|
독립 변수		성인지 예산의 형식적 제도화[1]	.0023116	.0006835	3.38	0.001***
통제변수	사회경제적요인	국가경제수준	.0061157	0053879	1.14	0.257
		실업률	.0007973	.0003807	2.09	0.037*
		도시화	.0029094	.0010683	2.72	0.007**
		종교[2]	0	(omitted)		
	정치적요인	민주주의 정도	-.0021115	.0080353	-0.26	0.793
		국가안정성	-.0043915	.003664		
		집권당(자)성향[3]	0	(omitted)		
	지리적요인[4]	지역_중동	0	(omitted)		
		지역_아프리카	0	(omitted)		
		지역_남아메리카	0	(omitted)		
		지역_북아메리카	0	(omitted)		
		지역_아시아	0	(omitted)		
		지역_오세아니아	0	(omitted)		
상수			.4578737	.0722855	6.33	0.000***
sigma_u			.06460379			
sigma_e			.01260588			
rho			.96332229 (fraction of variance due to u_i)			
F test that all u_i=0:		F(72, 459)=63.00			Prob>F=0.0000	

+P<0.1, *P<0.05, **P<0.01, ***P<0.001

1) (연구범위 – 성인지 예산의 제도화 시기)
2) 종교 없는 국가=0, 종교 있는 국가=1
3) 보수성향=0, 진보성향=1
4) 유럽=0, 중동, 아프리카, 남아메리카, 북아메리카, 아시아, 오세아니아=1

2) 성인지 예산의 질적 제도화가 양성평등에 미치는 영향 분석

성인지 예산의 질적 제도화는 제도화 수준 0단계, 1단계, 2단계, 3단계, 4단계로 구분되며, 이 중에서 성인지 예산의 제도화 수준이 가장 높은 4단계를 기준으로 각 단계를 비교하였다.

분석결과, 성인지 예산의 질적 제도화는 제도화 수준 2단계와 3단계가 통계적으로 유의미하게 나타났다. 이를 구체적으로 살펴보면, 성인지 예산의 제도화 수준 2단계는 유의수준 $P<0.05$ 수준에서 음(-)의 방향으로 통계적으로 유의미하게 나타남으로써 모든 조건이 동일하다고 가정했을 때, 성인지 예산의 제도화 수준 2단계는 제도화 수준 4단계에 비해서 양성평등에 미치는 영향이 낮게 나타났다. 따라서 제도화 수준 4단계가 양성평등에 더 크게 영향을 미치는 것으로 해석할 수 있다. 이를 통해 성인지 예산이 시행되고 있다고 하더라도 성인지 예산제도를 도입하여 운영하는 것이 양성평등에 더 효과적이라는 사실을 알 수 있다.

다음으로 성인지 예산의 제도화 수준 3단계는 유의수준 $P<0.05$ 수준에서 음(-)의 방향으로 통계적으로 유의미하게 나타남으로써 모든 조건이 동일하다고 가정했을 때, 성인지 예산의 제도화 수준 3단계는 제도화 수준 4단계에 비해서 양성평등에 미치는 영향이 낮게 나타났다. 따라서 제도화 수준 4단계가 제도화 수준 3단계에 비해서 양성평등에 더 크게 영향을 미치는 것으로 해석할 수 있다. 성인지 예산의 제도화 수준 3단계는 성인지 예산제도 도입을 위한 바로 전 단계로써 성인지 예산의 입법화를 위해 다양한 노력이 경주되고 있

는 시기이다. 그러나 성인지 예산의 제도화 수준 4단계와 비교했을 때, 양성평등에 미치는 영향이 더 낮게 나타나므로 성인지 예산이 말이나 문서와 같은 수사적인 행위에 머무르는 것보다 법에 근거하여 제도로써 실질적인 역할을 수행할 때, 양성평등에 더 효과적이라고 판단할 수 있다.

성인지 예산의 질적 제도화가 양성평등에 미치는 영향을 보다 명확히 관찰하기 위하여 통제한 변수들을 살펴보면, 사회·경제적 요인 중에서 실업률 변수와 도시화율 변수가 양성평등에 유의미한 영향을 미치는 것으로 나타났고, 정치적 요인 변수들은 유의미하지 않게 나타났다. 그리고 지역적 요인을 비롯한 시간의 흐름에도 변하지 않는 변수들은 모두 상수항에 포함되어 회귀계수에 영향을 미치는 것으로 반영되었다. 분석 결과는 <표 Ⅳ-9>와 같다.

<표 Ⅳ-9> 성인지 예산의 질적 제도화 일원 고정효과 분석 결과

구분	변수명		R-sq: within =0.1437 between =0.2409 overall =0.2353		전체 사례 수 438 F(9,356) = 6.64 Prob>F = 0.0000	
종속 변수	양 성 평 등		Coef.	Std. Err.	t	p> ∣t∣
독립 변수	성인지 예산의 질적 제도화[1]	0단계	-.0101116	.0063366	-1.60	0.111
		1단계	-.0073948	.0070738	-1.05	0.297
		2단계	-.0103554	.0048186	-2.15	0.032*
		3단계	-.0102206	.0047485	-2.15	0.032*
통제 변수	사회경제적요인	국가경제수준	.0087777	.0055968	1.57	0.118
		실업률	.0010082	.0003746	2.69	0.007**
		도시화	.0038261	.0010316	3.71	0.000***
		종교[2]	0	(omitted)		
	정치적요인	민주주의 정도	-.002035	.0081253	-0.25	0.802
		국가안정성	-.0028268	.0037078	-0.76	0.446
		집권당(자)성향[3]	0	(omitted)		
	지리적요인[4]	지역_중동	0	(omitted)		
		지역_아프리카	0	(omitted)		
		지역_남아메리카	0	(omitted)		
		지역_북아메리카	0	(omitted)		
		지역_아시아	0	(omitted)		
		지역_오세아니아	0	(omitted)		
상수			.3802746	.0670724	5.67	0.000***
sigma_u			.07929803			
sigma_e			.01273839			
rho			.97484414 (fraction of variance due to u_i)			
F test that all u_i=0:		F(72, 356)=69.46			Prob>F=0.0000	

+P<0.1, *P<0.05, **P<0.01, ***P<0.001

1) 0단계=0점, 1단계=1점, 2단계=2점, 3단계=3점, 4단계=4점, 4단계 기준
2) 종교 없는 국가=0, 종교 있는 국가=1
3) 보수성향=0, 진보성향=1
4) 유럽=0, 중동, 아프리카, 남아메리카, 북아메리카, 아시아, 오세아니아=1

3) 시행주체에 따른 성인지 예산의 제도화가 양성평등에 미치는 영향 분석

가. 성인지 예산의 형식적 제도화가 양성평등에 미치는 영향 분석

먼저 정부 주도 국가의 성인지 예산의 형식적 제도화는 유의수준 $P<0.1$의 수준에서 정(+)의 방향으로 통계적으로 유의미하게 나타났고, 시민단체 주도 국가는 통계적으로 유의미하게 나타나지 않았으며, 국제기구 주도 국가는 유의수준 $P<0.1$의 수준에서 정(+)의 방향으로 유의미하게 나타났다.

이를 통해 정부주도 국가와 국제기구 주도 국가의 경우 성인지 예산을 시행하는 국가보다 성인지 예산제도를 도입하여 보다 강력하게 시행하는 경향이 크다는 것을 확인할 수 있다. 반면, 시민단체 주도 국가의 경우 성인지 예산 활동은 적극적으로 이루어지지만 활동 결과가 직접적으로 정책에 반영되는 것은 제한적이기 때문에 양성평등에 영향을 미치지 않는 것으로 나타났다고 생각한다.

이 연구 결과에서 특히 주목할 것은 국제기구가 주도하는 국가들의 경우에도 성인지 예산의 형식적 제도화가 양성평등에 유의미한 영향을 미치는 것으로 나타났다는 것이다. 이는 성인지 예산제도의 본래 도입 목적과 무관하게 제도를 도입하고 유지하는 것만으로도 양성평등 향상에는 기여하는 것으로 판단할 수 있다.

이는 독일의 여성부와 재정부에서 근무하는 캠펠(Kämper) 박사와 로베크(Rohbeck)와의 인터뷰에서도 확인할 수 있는데, 그들은 성인지 예산제도를 도입하는 것 자체만으로도 양성평등 향상에 큰 도움이 된다고 하였다. 그 이유는 성인지 예산이 몇몇 전문가들에 의해서 논의되기보다 국가적인 차원에서 보다 공론화 될 때 정책적으로 더 많은 사람들의 관심을 받게 되고, 이는 궁극적으로 양성평등 향상에 긍정적인 영향을 미칠 수 있기 때문이라고 하였다. 또한 엘슨(Elson, 2004)도 성인지 예산제도 도입의 중요성에 대하여 언급한 바 있는데, 성인지 예산이 정부로부터 공식적으로 인정받아 외부 환경의 변화로부터 안정적일 수 있는 것만으로도 소기의 성과를 이루었다고 볼 수 있다고 하였다. 분석 결과는 <표 Ⅳ-10>과 같다.

<표 Ⅳ-10> 시행주체에 따른 성인지 예산의 형식적 제도화
일원 고정효과 분석 결과

구분		변수명	정부주도		시민단체		국제기구	
종속 변수		양성평등	t	P>|t|	t	P>|t|	t	P>|t|
독립 변수		성인지 예산의 형식적 제도화[1]	1.72	0.088$^+$	1.72	0.115	1.89	0.061$^+$
통 제 변 수	사 회 경 제 적 요 인	국가경제수준	-1.58	0.118	2.00	0.049*	1.17	0.244
		실업률	0.94	0.350	0.88	0.381	2.03	0.044*
		도시화	0.66	0.510	0.65	0.515	2.30	0.023*
		종교[2]	0	(omitted)	0	(omitted)	0	(omitted)
	정 치 적 요 인	민주주의 정도	1.68	0.096$^+$	1.92	0.059$^+$	-1.53	0.129
		국가안정성	-0.43	0.672	-0.39	0.698	-0.62	0.538
		집권당(자)성향[3]	0	(omitted)	0	(omitted)	0	(omitted)
상수			1.47	0.147	1.38	0.172	6.40	0.000***
sigma_u			.05101145		.03075939		.08128944	
sigma_e			.01327722		.00990384		.01312655	
rho			.93655299 (fraction of variance due to u_i)		.90606812 (fraction of variance due to u_i)		.97458715 (fraction of variance due to u_i)	

+P<0.1, *P<0.05, **P<0.01, ***P<0.001

1) (연구범위 – 성인지 예산의 제도화 시기)
2) 종교 없는 국가=0, 종교 있는 국가=1
3) 보수성향=0, 진보성향=1
* 시행주체에 따른 성인지 예산의 제도화가 양성평등에 미치는 영향 분석에서는 지리적 요인을 포함하지 않음

나. 성인지 예산의 질적 제도화가 양성평등에 미치는 영향 분석

먼저 정부 주도 국가의 성인지 예산의 질적 제도화는 제도화 수준 2단계, 3단계, 4단계 국가가 포함되어 있으며, 이 중에서 성인지 예산의 제도화 수준이 가장 높은 4단계를 기준으로 각 단계를 비교하였다.

분석결과, 성인지 예산의 질적 제도화는 유의수준 $P < 0.01$의 수준에서 음(-)의 방향으로 통계적으로 매우 유의미하게 나타난다. 따라서 모든 조건이 동일하다고 가정했을 때, 성인지 예산의 제도화 수준 2단계와 3단계에 비해서 제도화 수준 4단계가 양성평등에 더 크게 영향을 미친다고 볼 수 있다. 이를 통해 성인지 예산의 제도화 수준이 높을수록 양성평등에 더 긍정적인 영향을 미친다고 판단할 수 있다.

다음으로 시민단체 주도 국가의 성인지 예산의 질적 제도화는 제도화 수준 0단계, 1단계, 2단계, 3단계, 4단계 국가가 포함되어 있으며, 이 중에서 성인지 예산의 제도화 수준이 가장 높은 4단계를 기준으로 각 단계를 비교하였다. 그러나 성인지 예산의 제도화 수준 4단계에 포함되는 국가는 캐나다, 아르헨티나, 영국 3개국뿐이며, 대부분 0~2단계에 분포되어 있으므로 분석 시, 제도화 수준 0단계와 비교 가능 하였다.

분석결과, 성인지 예산의 질적 제도화의 제도화 수준 0단계는 유의수준 $P < 0.1$ 수준에서 정(+)의 방향으로 통계적으로 유의미하게 나타난다. 따라서 모든 조건이 동일하다고 가정했을 때, 성인지 예

산의 제도화 수준 0단계는 제도화 수준 4단계보다 양성평등에 미치는 영향이 더 크게 나타난다.

이러한 결과가 나타난 이유를 다음 두 가지로 유추할 수 있다.

첫째, 성인지 예산제도가 국가로부터 공식화되었지만, 효과적으로 운영되지 않았기 때문이다. 즉, 성인지 예산제도 도입 이전에는 시민단체의 적극적인 활동과 모니터링으로 제도 도입을 위하여 노력했지만, 성인지 예산제도 도입 이후에는 오히려 제도에 대한 관리가 소홀해졌기 때문에 이러한 결과가 나타났을 수 있다. 시민단체는 정부 영역에서의 활동에 제한을 받기 때문에 성인지 예산제도가 도입되고 난 이후 성인지 예산제도의 운영에 참여하기가 쉽지 않다. 따라서 만약 정부 기관이 성인지 예산에 대한 관심이 없거나 관련 지식이 부재하다면, 제도 도입의 목적과 상관없이 다른 효과를 낼 수도 있고, 경우에 따라서는 부정적인 결과를 가져올 수도 있다고 판단된다.

둘째, 시민단체 주도 국가의 경우 대부분 0단계와 2단계인 형성기에 포함되어 있는 국가들이 대부분이기 때문이다. 분석대상 17개 국가 중에서 성인지 예산제도를 도입하여 운영하고 있는 국가는 아르헨티나, 영국, 캐나다 3개국이며, 3단계에는 이스라엘만 포함되어 있고 나머지는 모두 형성기에 포함되어 있다. 따라서 상대적으로 분석 시 결과값에 왜곡이 있을 수 있다.

마지막으로 국제기구 주도 국가의 성인지 예산의 질적 제도화는 제도화 수준 0단계, 1단계, 2단계, 3단계, 4단계로 구분되며, 제도화 수준이 가장 높은 4단계를 기준으로 비교하였다.

분석결과, 성인지 예산의 질적 제도화는 통계적으로 모두 유의미한 영향을 미치지 않는 것으로 나타났다. 이러한 결과가 나타난 이유는 국제기구 주도 국가의 경우 양성평등 향상을 위하여 제도를 도입했다기보다 국제기구로부터의 기술적·재정적 지원을 받는 것에만 집중했기 때문인 것으로 파악된다. 즉, 성인지 예산제도를 시행함에 있어 예산이 제대로 활용되고 있는지 관리와 통제가 필요한데 제대로 이루어지지 않았기 때문에 결과적으로 양성평등에 기여하지 못한 것으로 판단된다.

비록 성인지 예산의 시행주체는 국제기구이지만, 실제 성인지 예산제도를 운영하는 것은 각 국가의 정부 기관이기 때문에 성인지 예산제도를 도입한 국가가 어떤 목적으로 제도를 운영하고, 관리하느냐에 따라 그 효과성에 큰 영향을 미친다고 추론할 수 있다.

일반적으로 정부 주도 국가의 경우 성인지 예산제도에 대한 성과점검과 모니터링이 체계적으로 이루어지고 있다. 특히 프랑스의 경우 성과주의에 기반을 두어 성인지 예산제도를 운영하고 있기 때문에 성과점검이 체계적으로 이루어지고 있을 뿐만 아니라, 성인지 예산제도가 운영되는 과정도 매우 구체적으로 관리되고, 정부에 보고된다.

그러나 대부분의 국제기구 주도 국가의 경우 성과점검이 매우 미비하거나 아예 이루어지지 않는 경우가 많다(Mishra & Sinha, 2012). 아차리아(Acharya, 2011)는 그의 연구에서 네팔의 사례를 제시하면서 성인지 예산서 작성 결과의 성과점검 환류가 이루어지지 않는 것을 지적하였고, 모로코의 경우도 젠더 보고서상에 정책의 결과를 나타내는 성과지표를 포함하고는 있지만 그것 외에 별도의 성과점검이나 결산 과정은 거치지 않는 것으로 확인되었다(Ministry of Economy and Finance, 2012). 그리고 마쉬라와 신하(Mishra & Sinha, 2012)는 인도의 사례를 통해 성과점검이 이루어지고 있기는 하지만 형식적으로 이루어지기 때문에 그 결과가 실제적인 변화를 가져오지 못하고 있다고 비판하였다. 이 외에도 국제기구가 주도하는 대부분의 국가에서는 성과점검 단계를 발견하기 어렵다.

따라서 성인지 예산의 제도화 수준이 같은 국가 내에서도 시행주체가 누구인가에 따라서 성인지 예산의 제도화는 다른 효과를 낼 수 있다는 사실을 인지할 필요가 있다. 분석 결과는 <표 Ⅳ-11>과 같다.

<표 Ⅳ-11> 시행주체에 따른 성인지 예산의 질적 제도화 일원 고정효과 분석 결과

구분	변수명		정부주도		시민단체		국제기구	
종속 변수	양성평등		t	P>|t|	t	P>|t|	t	P>|t|
독립 변수	성인지 예산의 질적 제도화[1]	0단계	-	-	1.85	0.068[+]	-0.53	0.594
		1단계	-	-	0	(omitted)	-0.19	0.847
		2단계	-2.80	0.006[**]	0	(omitted)	-0.32	0.746
		3단계	-2.78	0.007[**]	0	(omitted)	-0.22	0.826
통 제 변 수	사 회 경 제 적 요 인	국가경제수준	-2.02	0.047[*]	2.95	0.004[**]	1.49	0.137
		실업률	0.54	0.589	1.10	0.274	2.47	0.014[*]
		도시화	2.38	0.020[*]	1.17	0.247	2.67	0.008[**]
		종교[2]	0	(omitted)	0	(omitted)	0	(omitted)
	정 치 적 요 인	민주주의 정도	1.97	0.052[+]	1.92	0.025[*]	-1.50	0.136
		국가안정성	-0.19	0.846	-0.99	0.326	-0.25	0.806
		집권당(자)성향[3]	0	(omitted)	0	(omitted)	0	(omitted)
상수			0.88	0.381	0.49	0.626	6.06	0.000[***]
sigma_u			.07884065		.04821398		.09421434	
sigma_e			.01276467		.00985061		.01334226	
rho			.97445645 (fraction of variance due to u_i)		.95993 (fraction of variance due to u_i)		.9803392 (fraction of variance due to u_i)	

+P<0.1, *P<0.05, **P<0.01, ***P<0.001

1) 0단계=0점, 1단계=1점, 2단계=2점, 3단계=3점, 4단계=4점, 4단계 기준
2) 종교 없는 국가=0, 종교 있는 국가=1
3) 보수성향=0, 진보성향=1
* 시행주체에 따른 성인지 예산의 제도화가 양성평등에 미치는 영향 분석에서는 지리적 요인을 포함하지 않음

4) 소결

일원 고정효과 모형을 활용하여 성인지 예산의 제도화가 양성평등에 미치는 영향을 분석한 결과는 다음과 같다.

먼저 성인지 예산의 형식적 제도화는 양성평등에 유의미한 영향을 미치는 것으로 나타났다. 이를 통해 법률적·절차적 측면에서 형식적 기반을 갖춘 국가가 그렇지 않은 국가보다 양성평등에 더 긍정적인 영향을 미친다고 판단할 수 있다. 따라서 표면적이라고 하더라도 성인지 예산이 말이나 문서와 같이 수사적인 행위에 머무르는 것보다 성인지 예산제도를 도입하여 운영하는 것이 양성평등에 더 효과적이라고 판단할 수 있다.

성인지 예산의 질적 제도화는 제도화 수준 2단계와 3단계가 양성평등에 유의미한 영향을 미치는 것으로 나타났다. 그리고 제도화 수준 2단계와 3단계에 비해서 제도화 수준 4단계가 양성평등에 미치는 영향이 더 큰 것으로 나타났다. 따라서 성인지 예산의 제도화 수준 0단계와 1단계에서는 양성평등에 미치는 영향이 유의미하게 나타나지 않았지만, 제도화 수준 2단계와 3단계가 유의미한 영향을 미치는 것으로 나타나고, 제도화 수준 4단계가 양성평등에 미치는 영향이 더 큰 것으로 보아 제도화 수준이 높을수록 양성평등에 더 긍정적인 영향을 미친다고 판단할 수 있다.

이는 성인지 예산을 시행하는 것보다 성인지 예산제도를 도입하여 운영하는 것이 양성평등에 더 효과적이라고 할 수 있으며, 또한 양성평등 향상을 위하여 성인지 예산의 제도화 수준이 낮은 국가들은 제도화 수준을 높이기 위해 노력해야 할 것으로 판단할 수 있다.

다음으로 시행주체 구분에 따른 성인지 예산의 제도화가 양성평등에 미치는 영향을 분석한 결과는 다음과 같다.

먼저 성인지 예산의 형식적 제도화는 정부 주도 국가와 국제기구 주도 국가에서 유의미한 영향을 미치는 것으로 나타났다. 그러나 시민단체 주도 국가에서는 유의미하지 않게 나타났다. 이를 통해 시행주체가 보다 강력한 정책 권한을 가질 경우 성인지 예산제도의 도입효과가 있는 것을 확인할 수 있었다. 그리고 국제기구 주도 국가의 경우, 비록 성인지 예산제도의 목적에 따라 제도를 도입하지 않았다고 하더라도 형식적 기반을 갖추었을 때 그 효과가 있는 것으로 나타났다.

다음으로 성인지 예산의 질적 제도화는 제도화 수준이 가장 높은 4단계를 기준으로 비교했을 때, 정부 주도 국가의 경우 2단계와 3단계가 음(-)의 방향으로 통계적으로 유의미한 영향을 미치는 것으로 나타났다. 그리고 시민단체 주도 국가의 경우 0단계가 정(+)의 방향으로 유의미하게 나타났고, 국제기구 주도의 경우 모든 단계에서 유의미한 영향을 미치지 않는 것으로 나타났다. 이를 통해 다음과 같은 사실을 확인할 수 있다.

첫째, 정부 주도 국가의 경우 성인지 예산의 제도화가 양성평등에 긍정적인 영향을 미치는 것으로 나타남으로써 앞에서 언급했듯이 정부 주도의 제도 시행은 그 결과가 효과적인 것으로 판단할 수 있다. 특히 2단계와 3단계가 유의미한 영향을 미치는 것으로 나타남으로써 성인지 예산의 제도화 수준이 높을수록 양성평등에 긍정적인 영향을 미치는 것을 확인할 수 있다.

둘째, 시민단체 주도 국가의 경우 성인지 예산제도를 시행하는 국가에 비해 성인지 예산을 시행하지 않는 국가가 양성평등에 더 긍정적인 것으로 나타났다. 이는 성인지 예산제도가 국가로부터 공식화되어도 그 운영이 제대로 이루어지지 않아서 나타나는 결과로 판단된다. 시행주체가 정부인 경우와 달리 시민단체는 정부의 정책적 무관심으로부터 자유롭지 못하다. 이는 공공정책 영역에서 시민단체의 역할이 제한적인 데서 오는 한계이기도 하다.

마지막으로 국제기구 주도 국가의 경우 모든 단계에서 유의미한 영향을 미치지 않는 것으로 나타났다. 이는 앞에서도 언급했듯이 국제기구에 의해 성인지 예산제도의 원래 목적과 상관없이 제도가 도입되고, 운영되었기 때문에 나타난 결과라고 생각한다. 그리고 이러한 결과를 통해 국제기구 주도 국가에서는 성인지 예산제도의 질적 내실화가 전혀 이루어지지 않고 있다는 것을 확인할 수 있다. 이는 국제기구에 의해 성인지 예산제도를 도입하였고, 형식적으로 운영하였으나 성과점검을 제대로 하지 않기 때문에 일어나는 문제이기도 하다.

이와 같은 연구 결과를 통해 시행주체가 정부일 경우 양성평등 향상에 보다 직접적인 영향을 미칠 수 있다는 것을 확인할 수 있었다. 그리고 시행주체가 시민단체, 국제기구라고 할지라도 실제 성인지 예산제도를 유지하고 운영하는 것은 각 국가 기관의 몫이기 때문에 정책적 무관심이 발생하지 않도록 주의해야 한다는 것을 알 수 있었다. 또한 성인지 예산제도를 도입하여 운영하고 있다는 것만으로는 양성평등에 긍정적인 영향을 미치기 어렵다는 사실을 확인하였다.

따라서 성인지 예산의 질적 내실화를 위해 보다 체계적으로 노력해야 할 것이다. 그리고 마지막으로 국제기구가 재정적 지원을 조건으로 각 국가에 성인지 예산제도를 권고할 경우 단순히 제도 도입만 요구할 것이 아니라 성과점검도 함께 이루어질 수 있도록 고려해야 할 것이다. 현재 국제기구에 의해 성인지 예산제도를 도입한 대부분의 국가에서는 성과점검이 제대로 이루어지지 않고 있다(정가원, 2013). 따라서 이에 대한 개선이 필요하다고 생각한다.

3. 소결

이 장에서는 일원 고정효과 모형을 통해 성인지 예산의 제도화가 양성평등에 미치는 영향에 대하여 분석하였다. 그리고 성인지 예산제도의 시행주체에 따라 제도의 효과나 지속성이 다를 것이라는 연구를 근거로 하여 시행주체를 구분하여 추가적인 분석을 실시하였다.

분석 결과, 먼저 성인지 예산의 형식적 제도화는 양성평등에 긍정적인 영향을 미치는 것으로 나타나, 법률적·절차적인 측면에서 형식적 여건이 갖추어진 국가가 그렇지 않은 국가에 비해서 양성평등 향상에 더 효과적이라는 것을 알 수 있었다. 이를 통해 성인지 예산을 시행하지 않거나, 성인지 예산을 시행만 하는 국가보다는 관련법에 근거하여 성인지 예산제도를 도입하여 운영하는 국가가 양성평등에 더 긍정적인 영향을 미친다는 것을 확인할 수 있었다.

시행주체별로 구분하였을 때, 정부 주도, 국제기구 주도 국가에서는 형식적 제도화가 양성평등에 긍정적인 영향을 미치는 것으로 나타나 표면적으로 제도를 유지하는 것 자체만으로도 양성평등에 효과적이라고 판단할 수 있다. 그러나 시민단체가 주도하는 국가에서는 형식적 제도화가 유의미하지 않게 나타났다. 이를 통해 시행주체가 보다 강력한 정책 집행 권한을 가질 경우 형식적 제도화가 양성평등에 긍정적인 영향을 미친다는 것을 확인할 수 있었다.

다음으로 성인지 예산의 질적 제도화는 제도화 수준 2단계와 3단계가 양성평등에 유의미한 영향을 미치는 것으로 나타났다. 이를 통해 성인지 예산의 제도화 수준이 높을수록 양성평등에 긍정적인 영향을 미친다고 판단할 수 있다. 시행주체별로 구분하였을 때는 정부 주도 국가의 경우 제도화 수준 2단계와 3단계가 유의미하게 나타나 양성평등 향상을 위해서는 성인지 예산의 제도화 수준을 높일 필요가 있음을 확인할 수 있었다. 그리고 성인지 예산을 시행하는 것보다 성인지 예산제도를 도입하는 것이 양성평등에 더 긍정적이라는 것도 확인할 수 있었다.

그러나 시민단체 주도 국가의 경우 성인지 예산을 시행하지 않는 국가가 성인지 예산제도를 시행하는 국가에 비해서 오히려 양성평등에 더 긍정적으로 나타났다. 이는 다양한 원인이 있겠지만, 먼저 성인지 예산제도를 운영하고 있지만 제대로 운영하지 않아 나타난 결과로 판단된다. 앞에서도 언급했듯이 공공정책 영역에서 시민단체의 역할은 매우 제한적이다. 따라서 시민단체의 적극적인 주도로 성인지 예산제도를 도입하였다고 하여도 성인지 예산제도를 실제 실행하는 정부 기관의 무관심이나 관련 공무원의 전문지식이나 이해의 부족은 제도의 효과를 반감시킬 수 있다. 따라서 시민단체 주도 국가의 경우 향후 정부 기관과 협력하여 제도의 성과를 점검하고 모니터링 하는 작업이 이루어져야 할 것으로 판단된다.

마지막으로 국제기구 주도 국가의 경우 모든 단계에서 양성평등에 유의미한 영향을 미치지 않는 것으로 나타났다. 이는 선행연구에서 알 수 있듯이 성인지 예산제도를 도입함에 있어서 원래의 목적이 아닌 다른 목적을 이루고자 했기 때문인 것으로 파악된다. 즉, 국제기구의 기술적·재정적 지원을 받기 위해서 성인지 예산제도를 도입한 국가들이 질적 향상을 위한 노력을 하지 않고, 표면적으로 제도를 유지하는 것에만 관심을 두었기 때문에 그 효과가 제대로 나타나지 않는 것으로 파악된다. 이는 국제기구 주도 국가들이 형식적 제도화는 양성평등에 기여하는 것으로 나타나지만, 질적 제도화는 양성평등에 기여하지 못하는 것을 통해 확인할 수 있다. 이러한 결과는 결국 성인지 예산의 제도화 수준은 높은 국가임에도 불구하고 양성평등의 수준은 낮은 국가를 양산할 수 있다.

종합적으로, 분석 결과를 통해 성인지 예산의 제도화는 양성평등에 기여한다고 볼 수 있다. 그리고 성인지 예산의 제도화 수준은 높은 국가임에도 불구하고 양성평등이 잘 이루어지지 않는 국가들은 성인지 예산제도 선진국과 비교했을 때, 제도의 질적 차이 때문인 것으로 파악할 수 있다.

일반적으로 성인지 예산제도 선진국으로 알려진 프랑스, 스웨덴, 오스트리아, 독일 등은 성인지 예산제도를 시행함에 있어서 철저한 성과점검과 강력한 모니터링을 실시하고 있다. 오스트리아의 경우 우리나라와 같이 성인지 결산서가 존재하기 때문에 연방수상실의 성과관리부에서는 분야별 예산에 대해서는 성과(outcome)를 점검하고 분야별 예산보다 하위 개념인 글로벌 예산에 대해서는 산출(output)을 점검한다. 따라서 성인지 예산서에 담긴 성과목표와 지표의 달성을 점검하고 수상과 의회에까지 결과가 보고되어 성인지 결산서에 담긴 내용은 추후 새로운 사업을 실시할 때 참고 자료로 활용하고 있다(김동식, 2013).

프랑스는 성인지 예산제도를 실행하는 과정을 보다 중요하게 여기는데, 성인지 예산 담당 공무원은 성인지 예산을 집행하는 과정에 대하여 매번 평가를 받고, 관련 사업이나 업무에 대한 책임을 전적으로 진다. 그리고 성과평가의 결과는 다음 연도 예산편성을 위한 중요한 정보로 단년도 성과평가의 결과가 아닌 2개년도의 결과를 통해 성과의 장기적인 추이를 분석하고 있다(김동식, 2013).

스웨덴은 성주류화 정책 안에서 성인지 예산제도가 시행되고 있는데, 매년 수립되는 시행계획은 결과를 측정할 수 있는 성과목표를 제시한다. 계획이 주로 예산과정에 초점을 맞추고 있기 때문에 예산안의 통계가 성별에 따라 분리된 정도, 성평등 목표치가 설정된 정도, 성평등 분석이 이루어진 사업의 수 등 예산과 관련된 지표들이 많이 포함되어 있다. 그리고 전년도의 이행실적에 대한 점검 결과를 반영하여 다음 해의 시행 계획 성과지표를 형성하는 것을 지향하고 있다. 또한 스웨덴은 다양한 분석 도구를 활용하여 성과점검을 이행하고 있는데, 지속가능한 성주류화를 위한 절차로 사다리 모델을 제시하여 호평을 받았다. 이 모델은 성주류화의 수준에 따라 적용될 수 있는 다양한 분석방법을 제시하고 있다.

가령, METS(Management and Objectives, Education and Training, Tools and Procedures, Support and Coordination) 체크리스트는 성평등 분석과 성평등을 위한 사업 계획을 수립하기 전에 사용할 수 있는 도구이다. JämKART는 사업이 성평등에 미치는 효과와 성평등

업무가 얼마만큼 진행되고 있는지 빠르게 점검할 수 있는 도구로 분석 대상 사업을 선정하고 깊이 있는 성평등 분석을 수행하기 전에 사용할 때 유용하다. JämKAS Bas는 체계적인 성평등 분석에서 적용할 수 있는 방법으로 성평등과 관련된 사업을 선정하는 기준을 제공하고, 개선방안과 지표를 마련하는 데 도움이 된다. 4R Method는 분석대상 사업 영역이 선정된 이후 사업이 어떻게 수행되고 있는지, 자원이 어떻게 배분되고 있으며, 여성과 남성의 다른 욕구를 충족시키기 위해 어떠한 변화가 필요한지를 보여 주는 방법이다. 모든 수준의 다양한 조직 내에서 여성과 남성의 현황 정보, 자원의 배분 정보, 조직에 존재하는 성별 현황에 대한 아이디어, 단기적 개선방안에 대한 계획을 수립할 수 있다는 점에서 유용하다(http://www.includegender.org).

이러한 다양한 정부의 노력은 정책 추진의 의지와 책무성을 보여 준다는 점에서 다른 국가에 모범이 된다고 볼 수 있다. 이렇게 성인지 예산제도 선진국은 다양한 방법과 아이디어로 성인지 예산제도를 효과적으로 운영·관리하고 있다.

그러나 성인지 예산의 제도화 수준은 높지만, 양성평등 수준이 낮은 국가들은 대부분 성과점검 자체가 없거나 있더라도 형식적으로 운영되는 경향이 컸다. 예를 들어 인도의 경우 성인지 예산서가 존재하지만 실제 정책과 연결성이 떨어지고, 성인지 예산서상의 정보가 성별격차를 줄이기 위해 어떤 조치를 해야 하는지 적절한 대안을 제시해 주지 못하고 있다(Mishra and Sinha, 2012). 말레이시아의 경우 성인지 예산서가 작성되고, 성인지 예산서를 통해 남녀의 사업 수혜비율이 제시되고 있지만, 그 예산이 남녀에게 어떻게 측정되어 배분되었는지에 대한 자세한 내용은 알 수 없는 한계가 있다(Malaysia,

Ministry of Women, Family and Community Development, 2005). 우리나라의 경우도 매년 성인지 예·결산서의 분석을 통해 성과점검이 이루어지고 있다고는 하나, 해마다 성인지 예산의 부적절한 사업 선정, 형식적 성과 목표의 제시, 사업대상자와 수혜자의 불일치 등 동일한 문제점이 반복되는 것으로 보아 성과점검이 잘 이루어지지 않는 것으로 보인다.

이렇듯 성인지 예산의 제도화 수준과 양성평등의 수준이 모두 높은 국가와 성인지 예산의 제도화 수준은 높지만, 양성평등의 수준은 낮은 국가를 비교한 결과, 이러한 차이가 나타나는 원인은 제도의 질적 차이에 의한 것임을 알 수 있었다. 성인지 예산 전문가들은 성인지 예산제도의 존재 자체만으로도 의미가 있지만, 그것은 성인지 예산제도를 시행하는 초기 단계 국가이거나 여성의 사회적 지위가 불안정하거나 인권이 크게 위협받고 있는 국가에 한해서 그 효과가 있다고 한 바 있다(Elson, 2012).

따라서 성인지 예산제도가 보다 효과적으로 시행되기 위해서는 단지 제도가 존재하는 것에서 한 걸음 더 나아가 제도를 원래의 목적에 맞게 체계적으로 운영하는 것이 필요하다. 성인지 예산제도가 궁극적으로 지향하는 양성평등한 사회를 구현하기 위해서는 지금보다 더 질적 내실화를 위한 다양한 노력을 경주해야 할 것으로 보인다. 특히 성인지 예산제도 선진국으로 불리는 우리나라, 인도, 네팔, 모로코, 우간다 등의 국가가 국제사회에서 양성평등한 사회로 거듭나기 위해서는 성인지 예산제도의 내실화가 필수적이라고 볼 수 있다.

제5장 성인지 예산 제도화의
효과적 운영

1. 연구의 종합

　이 연구에서는 성인지 예산 관련 연구에서 중요한 부분임에도 불구하고 그동안 구체적으로 다루어진 적 없는 제도화에 초점을 맞추어 연구 결과를 분석하였다. 성인지 예산의 제도화가 무엇인지에 대해 정의하고, 일반화된 제도화 유형의 틀을 기초로 하여 성인지 예산의 제도화 과정에 대해서 살펴보았다. 그동안 성인지 예산의 제도화에 대한 논의는 있었으나, 그 과정에 대해 이론적 틀을 바탕으로 제시한 연구는 없었다는 점에 이 연구의 의의가 있다.

　그리고 이제까지 전 세계적으로 성인지 예산의 제도화가 양성평등에 미치는 영향에 대하여 실제 데이터를 활용한 실증 분석이 이루어진 적이 없다는 점에서 기존 연구와 차별화된다. 또한 성인지 예산제도의 효과성을 체계적으로 분석하기 위하여 형식적 제도화와 질적 제도화를 구분하였으며, 더 나아가 시행주체별 구분을 통해 의미 있는 정책적 함의를 도출하였다.

분석 결과를 요약하면 다음과 같다.

먼저 성인지 예산의 형식적 제도화는 양성평등에 유의미한 영향을 미치는 것으로 나타났다. 따라서 성인지 예산이 말이나 문서와 같이 수사적인 행위에 머무르는 것보다 법률적·절차적으로 형식적 기반이 갖추어져 있는 경우 양성평등에 더 긍정적인 영향을 미친다는 것을 확인할 수 있었다. 그리고 시행주체별로 구분하였을 때, 정부 주도 국가와 국제기구 주도 국가는 양성평등에 유의미한 영향을 미치는 것으로 나타나 제도가 형식적으로 시행된다 하더라도 성인지 예산제도를 도입하여 시행하는 것이 양성평등에 더 효과적이라는 것을 확인할 수 있었다. 이는 특히 국제기구 주도 국가를 통해 더 잘 확인할 수 있다. 비록 제도 도입의 목적이 성인지 예산제도의 원래 목적과 무관하지만, 그럼에도 불구하고 제도가 유지될 때 양성평등에 더 긍정적인 영향을 미친다는 것은 의미 있는 발견이다.

그러나 시민단체 주도 국가는 양성평등에 유의미한 영향을 미치지 않는 것으로 나타났다. 이는 성인지 예산제도를 시행하는 주체가 실제적인 정책 권한이 있는지, 그리고 관련 공무원이 성인지 예산제도에 얼마나 관심이 있고, 전문성이 있는지에 따라 달라질 것으로 판단된다. 일반적으로 정부 주도 국가나 국제기구 주도 국가의 경우 성인지 예산제도를 시행함에 있어 시민단체에 비해 보다 강력한 권한을 가진다. 그러나 시민단체 주도 국가의 경우 정부 영역에 시민단체가 관여할 수 있는 부분이 제한적이기 때문에 성인지 예산제도를 내실 있게 운영하는데 있어 한계가 있다. 따라서 시민단체 주도 국가에서는 형식적 제도화가 양성평등에 유의미한 영향을 미치지 못한 것으로 파악된다.

다음으로 성인지 예산의 질적 제도화는 성인지 예산의 제도화 수준 4단계를 기준으로 했을 때, 제도화 수준 2단계와 3단계가 통계적으로 유의미한 영향을 미치는 것으로 나타난다. 이를 통해 비록 0단계와 1단계가 유의미하게 나타나지 않았지만, 성인지 예산의 제도화 수준이 높을수록 양성평등에 긍정적인 영향을 미친다고 유추할 수 있다.

이는 시행주체별로 구분하여 살펴보았을 때, 보다 명확하게 파악할 수 있다. 시행주체에 따라 성인지 예산의 제도화가 양성평등에 미치는 영향이 실제 다르게 나타나기 때문이다.

정부 주도 국가의 경우 제도화 수준 2단계와 3단계가 양성평등에 유의미한 영향을 미치는 것으로 나타났다. 따라서 성인지 예산의 제도화 수준이 높을수록 양성평등에 더 긍정적인 영향을 미치는 것으로 나타나 비교적 성인지 예산의 제도화가 내부적으로 잘 운영되고 있다고 파악할 수 있다.

그러나 시민단체 주도 국가의 경우 성인지 예산제도를 도입하여 운영하는 국가보다 제도를 도입하지 않거나, 성인지 예산을 시행하지 않는 국가가 오히려 양성평등에 더 긍정적인 영향을 미치는 것으로 나타났다. 이는 성인지 예산제도를 도입하기 이전에는 시민단체의 다양한 활동이 정부 정책에 자극이 됐을 수 있지만, 제도를 도입하고 난 이후에는 오히려 정부 기관의 관심이 희석되어 이러한 결과가 나타난 것으로 판단된다.

마지막으로 국제기구 주도 국가의 경우 제도화 수준 모두 양성평등에 유의미한 영향을 미치지 않는 것으로 나타났다. 이는 성인지 예산제도를 도입하고 운영한다 하더라도 실제 운영이 제대로 이루어지지 않기 때문에 나타난 결과로 판단된다. 국제기구의 주도로 성인지 예산이 시행되었다 하더라도 성인지 예산을 실제 운영하고 관리하는 것은 각 국가의 정부 기관이다. 그러나 국제기구 주도 국가의 경우 성인지 예산제도를 도입한 목적 자체가 양성평등 향상을 위해서라기보다는 국제기구로부터 재정적 지원을 받기 위함이었기 때문에 제도 도입 이후 그 관리가 소홀했을 것으로 판단된다. 따라서 양성평등에 유의미한 영향을 미치지 못한 것으로 생각한다.

2. 연구의 정책적 함의

이 연구를 통해 그동안 간헐적으로 논의되어 온 성인지 예산의 제도화에 대한 이론적 토대를 형성할 수 있었으며, 선행연구에서는 시도되지 않았던 성인지 예산의 제도화가 양성평등에 미치는 영향에 대하여 실증적으로 분석함으로써 이론적 논의에 대한 정당성을 확보할 수 있었다. 따라서 이 연구는 다음과 같은 정책적 함의를 도출할 수 있다.

첫째, 이 연구는 그동안 혼용되었던 성인지 예산(Gender Responsive Budgeting), 성인지 예산제도(Institution of Gender Responsive Budgeting)에 대해서 그 개념을 명확하게 정의함으로써 용어상의 혼란을 줄일 수 있는 데 기여하였다.

둘째, 그동안 학문적으로 이론에 근거하여 논의된 적 없는 성인지 예산의 제도화 과정에 대해 이론적 틀을 기초로 하여 그 과정을 설명하였다. 따라서 이 연구는 성인지 예산의 제도화 연구에 이론적 토대를 제공하였다는 점에서 의미가 있다.

셋째, 이 연구는 그동안 선행연구에서 한 번도 시도되지 않았던 전 세계 229개 국가를 대상으로 성인지 예산의 제도화가 양성평등에 미치는 영향에 대하여 실증 분석하였다. 이를 통해 이론적으로만 제시되었던 성인지 예산의 제도화에 대한 효과를 객관적 데이터로 분석하였으며, 실증 분석 결과를 통해 성인지 예산의 제도화가 실제 양성평등 향상에 기여하고 있다는 것을 검증하였다.

넷째, 이 연구의 분석결과를 통해 성인지 예산을 시행하지 않는 것보다 성인지 예산을 시행하는 것이 더 효과적이며, 성인지 예산을 시행하는 것보다 성인지 예산제도를 도입하여 시행하는 것이 양성평등에 더 긍정적인 영향을 미치는 것을 확인할 수 있었다. 이는 성인지 예산을 시행하지 않는 국가와 성인지 예산을 시행하고 있지만 아직까지 공식화하지 않은 국가에게 정책적 조언을 할 수 있을 것이다.

다섯째, 시행주체별로 구분하여 성인지 예산의 제도화가 양성평등에 미치는 영향에 대해서 분석한 결과, 시행주체에 따라 성인지 예산의 제도화가 양성평등에 미치는 영향이 다르게 나타난다는 것을 확인할 수 있었다. 이를 통해 성인지 예산의 시행주체가 정책영역에서 보다 강력한 정치적 힘과 권한을 가질 때, 양성평등에 더 긍정적인 영향을 미칠 수 있음을 확인할 수 있었다. 따라서 시민단체 주도 국가의 경우 정부 밖의 영역이 아닌 정부 안의 영역에서 영향력을 행사할 수 있는 방안을 간구할 필요가 있다. 이를 위해서는 정부 기관과 시민단체 간의 긴밀한 협력이 선행될 수 있도록 전략을 구성해야 할 것이다. 그리고 국제기구의 성인지 예산제도 확산을 위한 기술적·재정적 지원이 지금보다 개선될 필요가 있다.

여섯째, 성인지 예산의 시행주체를 정부, 시민단체, 국제기구로 나눌 수 있지만, 결과적으로 성인지 예산제도를 실제 운영하는 것은 각 국가의 정부 기관임을 알 수 있었다. 따라서 성인지 예산제도의 질적 내실화를 위해서는 정부의 적극적인 정책 의지가 요구된다.

3. 우리나라에 대한 시사점

우리나라의 성인지 예산은 2010년 7조 4,611억 원, 2011년 10조 1,748억 원, 2012년 11조 2,720억 원, 2013년 13조 2,036억 원 등으로 매년 늘고 있다. 성인지 예산서도 매년 개선을 거듭하여 보다 나아지고 있다. 그러나 여전히 성인지 예산제도가 효과적으로 운영되고 있는가에 대해서는 의문이 제기된다. 한국여성정책연구원을 중심으로 해마다 다양한 보고서가 쏟아지고 있고, 국제 전문가 회의 등을 통해 적극적으로 노력하고 있음에도 불구하고 매년 발표되는 세계경제포럼의 성 격차 지수 순위는 최하위를 기록하고 있기 때문이다.

성 격차 지수는 다른 양성평등지수와 달리 양성평등 수준이 아닌 성 격차 정도를 반영하고 있다. 성 격차는 사회 자원의 배분과 기회라는 측면에서 매우 중요한 요소이기 때문에 장기적으로 봤을 때, 그 격차를 좁히기 위한 노력이 필요하다. 우리나라는 다른 국가에 비해 상대적으로 양성평등 수준은 높은 국가에 해당되지만, 여성의 높은 교육수준에 비해 경제활동 참가율과 고용률이 매우 낮게 나타나는데 OECD 국가 평균과 비교하면 약 10%p 정도 낮게 나타난다. 이러한 현상이 고착화되면 앞에서 언급했던 사회 자원의 배분과 기회라는 측면에서 양성불평등은 더욱 심각한 상황에 이를 것이다.

따라서 사회 자원의 배분과 기회라는 측면을 고려했을 때, 현재 우리나라가 국제사회에서 좋은 평가를 받고 있는 성인지 예산제도를 보다 효과적으로 활용하는 방안을 제안할 수 있다. 우리나라의 성인지 예산제도의 제도화 수준은 4단계로서 매우 높은 단계에 있다. 그러나 같은 수준의 유럽 국가와 비교하였을 때, 보다 고차원적인 논의가 이루어질 필요가 있으며, 질적 내실화를 통해 보다 체계화될 필요가 있다. 이에 연구결과를 바탕으로 우리나라에 대한 시사점을 크게 세 가지 제시하고자 한다.

첫째, 성인지 예산제도에 대한 강력한 모니터링과 성과점검이 필요하다. 앞에서도 언급했듯이 성인지 예산제도의 선도국은 일반적으로 모니터링과 성과점검이 잘 이루어지고 있었다. 스웨덴은 성인지 예산의 성과를 점검하기 위한 다양한 분석 도구를 개발하여 적용하고 있으며, 오스트리아는 우리나라와 같이 성인지 예·결산서를 작성하는 유일한 국가로써, 연방수상실의 성과관리부에서 모든 성과관리를 관할하고, 성인지 예산서에 담긴 성과목표와 달성 정도를 점검하고 있다. 그리고 수상과 의회에 보고하고, 성인지 결산서에 담긴 내용은 추후 새로운 규제나 사업 시 참고 자료로 활용한다(김동식, 2013).

반면, 성인지 예산제도의 제도화 수준이 높음에도 불구하고 국제기구 주도 국가에서는 공통적으로 성과점검의 과정이 부재하다는 것을 발견하였다. 마쉬라와 신하(2012)에 따르면, 인도의 경우 성인지 예산서에 포함된 예산액 비교를 통해 각 부처가 예산 집행 시 양성평등과 여성권리 신장에 어느 정도의 우선순위를 두고 있는지 파악할 수 있지만, 사실상 예산의 배분현황을 넘어서 실제적으로 성불평등이 개선되었는지 알 수 없다. 따라서 형식적으로 성인지 예산서를 작성하는 것에 의미를 둘 것이 아니라 실제 어떻게 집행되고 있는지에 대한 확인이 반드시 필요하다고 하였다. 성인지 예산제도를 시행하는 여러 국가들 사이에서도 그 효과성이 다르게 나타나는 것은 바로 이러한 과정의 차이에 의한 것으로 생각한다.

따라서 질적 내실화를 위해 철저한 성과점검과 모니터링을 실시할 필요가 있으며, 주요 선진국의 사례를 벤치마킹할 필요가 있다.

둘째, 장기적인 관점에서 재정 시스템 개혁을 통한 예산과 정책변화를 추구해야 한다. 성인지 예산제도는 성주류화 정책의 일환으로 등장했지만, 일부 국가에서는 재정개혁의 일환으로 성과주의 예산제도와 함께 발전한 경향이 있다. 예산 사업에 있어 성인지적 관점의 분석도 중요하지만, 이를 통한 정책과 예산의 변화는 예산 시스템의 변화 없이는 불가능하다.

오스트리아의 경우 2009년 1차 재정개혁을 통해 성인지 예산에 대한 근거를 형성하고, 2013년 2차 재정개혁을 통해 성과주의 예산제도와 연계한 성인지 예산제도를 도입하였다. 성인지 예산제도를 비교적 늦게 도입한 사례이지만, 성과관리부 안에서 사업의 성과목표가 제시되고 최종적으로 성과점검까지 가능하도록 구성함으로써 다른 국가에게 귀감이 되고 있다. 연구 분석 결과에서도 알 수 있듯이 오랜 시간 성인지 예산제도를 시행하는 것이 중요한 것이 아니라 내적 성숙을 다지는 것이 제도의 유지 및 효과성에 도움이 된다는 것을 유념할 필요가 있다.

셋째, 성인지 예산 전문가의 양성이 필요하다. 우리나라 성인지 예산제도의 문제점으로 지적되는 것 중 하나가 관련 사업에 대한 전문성 부족을 들 수 있다. 우리나라의 경우 국가에서는 각 부처의 기획재정담당관이 기획재정부와 각 부처를 연결하고 있는데, 기획재정담당관은 다른 국가의 성인지 담당관과 같이 성인지 예산제도나 성주류화에 대한 업무를 수행하지만 이에 대한 이해와 관련 지식이 부족하다. 따라서 한국여성정책연구원에 전문 자문을 의뢰하는 등 다른 국가의 성인지 담당관이 수행하는 역할을 제한적으로 수행하고 있다. 이러한 시스템은 성인지 예산에 대한 담당 공무원의 정책 의지를 저해할 뿐만 아니라 오히려 성인지 예산에 대한 관련 공무원의 반감을 살 수도 있다는 점에서 다른 국가의 사례를 벤치마킹할 필요가 있다.

스웨덴의 경우 성평등 담당관을 두고 있다. 성평등 담당관은 성평등국에서 각 부처에 파견되어 각 부처의 성주류화를 기획, 지원, 조정하며 성인지 예산제도에 대한 교육을 실시한다. 성인지 담당관의 파견을 통해 성평등국은 성인지 예산제도의 운영에 있어 중추적인 역할을 담당하고 각 부처의 모든 정책영역에서 성별 분리 통계와 예산에 대한 성인지적 분석결과가 부처의 의사결정을 위한 중요한 자료로 활용될 수 있도록 돕고 있다(정가원 외, 2012). 따라서 성인지 예산제도가 재정제도이면서 동시에 성주류화 도구라는 것을 감안하였을 때 이에 대한 이해가 모두 가능한 전문가를 양성하여 전문 인력풀(manpower pool)을 구축할 필요가 있다.

4. 연구의 한계 및 향후 과제

이 연구는 성인지 예산에 대한 논의가 진행된 지 20여 년이 지났지만, 그 중요성에도 불구하고 아직까지 구체적으로 다루어진 적 없는 성인지 예산의 제도화에 대하여 논하였으며, 그동안 시도되지 않았던 전 세계 국가를 대상으로 성인지 예산의 제도화가 양성평등에 미치는 영향에 대하여 실증 분석을 실시함으로써 의미 있는 시사점을 도출할 수 있었다. 하지만 그럼에도 불구하고 이 연구는 다음과 같은 한계를 지닌다.

첫째, 이 연구는 전 세계 229개 국가를 대상으로 성인지 예산을 시행하고 있는 국가들을 선별하여 분석대상으로 삼았다. 그러나 성인지 예산은 각 국가의 상황과 맥락에 따라 그 유형이 각각 다르고, 운영되는 방식 또한 다르다. 따라서 이를 동일한 기준으로 모든 상황을 통제하여 비교 분석을 하는 것은 쉬운 일이 아니다. 이 연구에서는 이러한 한계를 보완하기 위하여 보다 엄격한 통계 방법을 선택하였으며, 최대한 많은 상황을 고려하여 통제하고자 노력하였다. 하지만 그럼에도 불구하고 데이터의 가용성 때문에 국가 비교 분석에 있어 통제되지 않는 부분들이 발생할 수밖에 없었다. 이는 후속연구를 통해 보다 체계적으로 보완해야 할 것이다.

둘째, 이 연구에서 종속변수로 선정한 성 격차 지수는 현재 국제사회에서 많이 사용하는 대표적인 양성평등지수 중의 하나이다. 그러나 앞에서도 언급했듯이 양성평등이라는 개념 자체가 단순화하여 설명하기 어려운 복합적이고 다차원적인 개념이기 때문에 이를 보다 정밀하게 측정할 수 있는 방안이 필요할 것으로 판단된다.

셋째, 자료의 신뢰성 문제이다. 이 연구에서 독립변수로 선정한 성인지 예산의 제도화 변수는 공신력 있는 국제기구에서 가공하여 제공하는 자료가 아니고, 연구자가 이 연구를 위해 문헌 연구에서 습득한 2차 자료를 또다시 가공한 자료이다. 자료의 정확성을 위해 국제기구 사이트 및 각 국가의 홈페이지를 통해 재차 확인하였으나, 자료의 신뢰성을 확보하기 위해서는 보다 엄밀하게 전문가의 추가적인 검증이 필요할 것으로 판단된다. 또한 이 연구에 포함되는 선진국 및 개발도상국가의 자료는 세계은행의 데이터베이스를 기초로 하고 있다. 그러나 그럼에도 불구하고 개발도상국가의 자료는 정확도가 떨어져 분석 결과에 왜곡을 가져올 수 있으므로 이에 대한 엄밀한 검증이 필요할 것으로 판단된다.

이 연구의 향후 과제는 다음과 같다.

첫째, 성인지 예산의 제도화 연구에 관한 이론적 근거를 보다 명확하게 제시할 필요가 있다. 성인지 예산의 제도화에 관한 논의는 성주류화 정책의 한 부분으로 다룰 수도 있지만, 재정개혁을 통한 성과주의 논의로 다룰 수도 있다. 따라서 아직까지 체계화되지 않은 성인지 예산의 제도화에 대한 이론적 논의를 보다 체계화하고 구체화하는 작업을 후속연구를 통해 지속할 필요가 있을 것으로 생각한다.

둘째, 성인지 예산은 정량적이기보다 정성적인 경향이 강하다. 따라서 그동안 실증분석을 통한 연구가 사실상 불가능해 보였다. 그러나 이러한 제약에도 불구하고, 지속적으로 성인지 예산과 관련한 실증 분석이 시도되어야 한다고 생각한다. 이는 이론적 당위성에 안주하지 않고, 개념적 논의의 틀에 갇히지 않기 위함이다. 따라서 가능한 많은 변수를 계량화하여 구성할 필요가 있으며, 이를 실증 분석을 통해 검증할 필요가 있다. 또한 다양한 방법론을 활용하여 그 효과성을 보다 적합하게 보여줄 수 있는 노력이 필요하다.

셋째, 후속연구를 통해 성인지 예산의 제도화 수준을 보다 엄격하게 구분할 필요가 있다. 이는 연구 분석 결과의 신뢰성을 높일 수 있을 것으로 생각하며, 보다 풍부한 해석을 통해 의미 있는 시사점을 도출할 수 있을 것으로 기대한다. 따라서 성인지 예산 전문가를 통해 이 연구에서 활용한 성인지 예산의 제도화 수준 구분에 대한 검증을 받는 것은 물론 후속연구를 통해 지속적으로 새로운 연구에 도전해야 한다.

참고문헌

강은정·조형태(2009). 『성별 교육수준별 건강수명의 형평성과 정책과제』. 보건복지포럼. 2009.03.

구미영(2010). 「고용상 성차별의 개념과 판단」. 『산업관계연구』 20(1).

국미애(2013). 『서울시 주민참여예산제도의 성 인지적 운영 방안』. 서울: 서울시여성가족재단.

국회예산정책처(2014). 『국가재정제도: 원리와 실제』. 서울: 국회예산정책처.

금재호(2011). 「성별 임금격차의 현상과 원인에 대한 연구」. 『국제경제연구』 17(3).

기획재정부(2010). 『2010년 예산안 편성지침 및 기금운용계획안 작성지침』.

김경희(2003). 「성인지적 예산 도입을 위한 시론적 연구: 지방자치단체 여성정책 예산분석 사례를 중심으로」. 『한국여성학』 19(1).

_____(2006). 「성 주류화의 정책 전환적 성격과 함정: 성별영향평가를 중심으로」. 『한국여성학회 춘계학술대회 자료집』. 2006.6.9.

김남순(2014). 『한국 여성의 전반적 건강수준의 차이: 기대수명, 건강인식 및 활동제한 중심으로』. 보건복지포럼. 2014.04.

김세진(2008). 『양성평등 구현을 위한 성인지 예산제도에 관한 법제개선 방안』. 서울: 한국법제연구원.

김세진(2010). 「성인지 예산제도의 정착을 위한 법적 과제」. 『법과정책』 16(1).

김영숙(2012). 「2010~2012년 성인지예산서의 패널분석」. 『젠더리뷰』 27. 2012년 겨울.

김영옥·마경희·김보연(2007). 「해외의 성인지 예산: 다양성과 정책적 선택」. 『서울: 한국여성정책연구원 연구보고서』 2-3.

_____·조선주(2008). 「성인지 예산제도의 경제학적 이슈: 비대칭적 정보와 인센티브를 중심으로」. 『한국재정학회 학술대회논문집』.

_____·조선주·마경희·윤영진·박노욱·이선행(2008). 「성인지 예산 제도화 방안 연구(II): 성인지 예산서(안)의 시범작성 및 추진체계 구축 방안을 중심으로」. 『한국여성정책연구원 연구보고서-6』.

김원홍·이현출·김은경(2007). 「여성의원이 국회를 변화시키는가?: 17대 국회의원 조사결과를 중심으로」. 『한국정당학회보』 6(1).

김윤경(2008). 「우리나라에서의 성인지 예산 도입과 과제: 해외사례 및 기존연구 조사를 중심으로」. 『여성학논집』 25(2).

김은경(2008). 「독일의 성인지 예산제도의 법적 근거 및 내용」. 『유럽연구』 26(2).

김재인·곽삼근·윤덕경·김원홍·김태홍·민무숙·변화순·송다영·유희정·정현주·김성경·임선희·장혜경(2007). 『성평등정책론』. 서울: 교육과학사.

김태홍(2013). 「성별 고용형태별 임금격차 현황과 요인분해」. 『여성연구』 84(1).

김혜란(2011). 「성인지 예산과 성별영향평가의 연계방안」. 『젠더와문화』 4(2).

남궁근(2003). 『행정조사방법론 제3판』. 서울: 법문사.

류연규(2005). 「복지국가의 탈가족화와 출산율의 관계에 대한 비교 연구」. 서울대학교 박사학위논문.

마경희(2008). 「해외의 성인지 예산: 정부주도 3개국 심층연구」. 『한국여성정책연구원 연구보고서』 2008-6-5

_____(2009). 「주요 선진국의 성인지 예산서 – 호주, 프랑스, 스웨덴」. 『젠더리뷰』 12호, 봄.

_____(2011). 『"성인지 예산 활동의 의미와 경험적 다양성." 국가, 젠더, 예산: 성인지적 분석』. 서울: 한울.

문광민·임동완(2008). 「성인지 예산의 제도화에 대한 영향요인분석」. 『한국행정연구』. 17(1).

문은영(2001). 「이슬람의 전통적 여성관에 대한 재해석–이란 사례를 중심으로–」. 『한국이슬람학회논총』 22(2).

박노욱(2008). 「성인지 예산의 성과관리 방안」. 『제2차 성인지 예산 국제심포지엄–세계의 성인지 예산제도화: 성과와 과제』. 서울: 한국여성정책연구원·한국조세연구원.

박준석(2008). 「영국의 성인지 예산활동: 이론과 실제」. 『동북아법연구』 2(2).

배유경(2010). 「인도의 성인지 예산제도와 여성의 참여: 지역 여성단체 활동을 중심으로」. 『아시아여성연구』 49(1).

배준식·신경희·이세구(2009). 『서울시 성인지 예산제도 도입방안 연구』. 서울: 서울시정개발연구원.

백일우·임정준(2008). 「여성고등교육이 청년층 여성의 기대수익변화에 미치는 영향분석」. 『교육재정경제연구』 17(1).

_____(2009). 「여성고등교육이 성별 임금격차에 미치는 효과 분석」. 『교육재정경제연구』 18(1).

성효용(2010). 「양성평등을 위한 조세·재정정책 연구」. 『재정정책연구』. 12(2).

_____(2012). 「성별다양성과 기업성과」. 『여성경제연구』 9(1).

송인자(2009). 「성별영향평가 제도의 현황과 과제」. 『전북발전포럼』 통권 제13호.

신광영(2011). 「한국의 성별 임금 격차: 차이와 차별」. 『한국사회학』 45(4).

신미경·김한중·김모임·박은철·박종연(2000). 「여성관련개발지수와 모성 및 영아사망률과의 관계」. 『보건행정학회지』 10(2).

우해봉(2013). 「지니계수를 활용한 생존기간 불평등의 변화 양상분석」. 『보건사회연구』 33(4).

윤성일·성시경·임동완(2014). 「주민참여예산제도의 분화: 제도화 과정의 분석과 시사점」. 『사회과학연구』 25(3).

윤영진·김은정(2008). 「성인지 예산제도 추진체계와 실행방안에 관한 연구」. 『사회과학연구』 24(4).

_____(2011). 「도입단계 성인지 예산서의 평가와 발전단계」. 『한국행정논집』 23(2).

_____·이정화(2013). 「지방자치단체 성인지 예산제도와 시민사회의 역할」. 『사회과학논총』 32(1).

윤용중(2006). 「성인지 예산과 호주의 사례」. 『예산춘추』 5.

이갑숙·안희정(2010). 『지역의 성별영향평가와 성인지 예산제도의 연계방안: 강원지역을 중심으로』. 서울: 한국여성정책연구원.

이경혜(1995). 「여성이론의 최신이론과 쟁점」. 『간호학 탐구』 5(1).

이내찬(2013). 「여성이 행복한 세상: OECD 국가의 성 차별 수준 국제비교」. 『보건사회연구』 33(3).

이석원(2012). 「성인지 예산서 작성을 위한 지표개발 및 분석기법」. 한국행정연구소. 50(1).

이시균·문윤희(2008). 「성별고용차별의 변화에 관한 실증연구」. 『여성경제연구』 5(1).

이우진(2010). 「경제발전, 삶의 질, 그리고 기회의 평등」. 『경제발전연구』 16(2).

이재경 엮음(2011). 『국가, 젠더, 예산: 성인지 예산 분석』. 서울: 한울.

이철희(2012). 「경제적 변화와 아들선호: 한국 여성의 노동시장성과와 출생성비」. 『응용경제』 15(1).

이형우·김규옥(2011). 「성인지 예산제도에 대한 고찰」. 『사회과학연구』 18(1).

이혜숙(2014). 「지방의회 여성의원의 의정활동과 성평등 의식: 경남지역 여성 의원들을 중심으로」. 『한국여성학』 30(1).

이희연·노승철(2012). 『고급통계분석론: 이론과 실습』. 서울: 문우사.

임동완(2007). 「OECD 주요국가 중앙정부의 복식부기·발생기준 예산 및 회계 제도화에 대한 비교 연구」. 『한국행정학보』 41(4).

임성일·김성주(2011). 『지방자치단체 성인지 예산의 성공적 추진 방안』. 한국지방재정학회 춘계학술대회.

_____(2012). 「지방 성인지 예산제도 도입이 지방재정에 주는 의미와 과제」. 『한국행정학회 하계학술발표 논문집』.

임주영·박기백·김진영(2012). 「성인지예산제도의 평가모형 구축방안」. 『서울: 한국여성정책연구원 연구보고서』 8-1.

장상수(2000). 「교육 기회의 불평등: 가족 배경이 학력 성취에 미치는 영향」. 『한국사회학』 34.

_____(2006). 「여성의 고등교육 이수기회, 누가 왜 딸을 대학에 보냈는가?」. 『한국사회학』 40(1).

장형수·김태완(2007). 「여성경제활동참가가 성장과 불평등에 미치는 영향」. 『보건사회연구』 27(2).

전병욱(2011). 「성인지 결산서의 분석을 통한 성인지 예산제도의 개선방안 연구」. 『조세와법』 4(5).

정가원(2011). 「오스트리아와 스웨덴의 성인지 예산제도 현황과 정책과제」. 『서울: 한국여성정책연구원 연구보고서』 00-2.

_____·김동식·정혜윤(2013). 「외국의 정부주도형 성인지예산제도 시행현황과 시사점」. 『한국여성정책연구원 연구보고서-13-4』.

조선주(2010). 『2011년도 성인지 예산서 종합분석 연구』. 서울: 여성가족부.

_____(2011). 「중앙정부 성인지 예산제도의 도입과정과 성과」. 『서울: 한국여성정책연구원 연구보고서 00-2』.

_____(2012). 「국가 성인지예산서 및 기금운용계획서를 통한 재정운용의 효과분석」. 『한국재정학회 학술대회 논문집』.

_____·이선행·우석진(2010). 「성인지 예산제도 시행에 따른 재정사업의 편익추정: CVM을 이용한 실증분석」. 『서울: 한국여성정책연구원 연구보고서』.

_____·정가원·김효주·장윤선(2014). 「2010회계연도 이후의 성인지예산

제도 시행현황과 성과 분석」.『여성학논집』.

좌승희 · 이수희 편저(2000).『제도와 경제발전』. 서울: 한국경제연구원.

주재선(2013). 「우리나라의 성평등지수와 국제성평등지수 비교」.『젠더리뷰』 겨울호.

차용진(2012). 「2011 글로벌 성 격차 지수(GGI)에 대한 고찰: GGI 모형의 타당도 및 신뢰도 검토」.『한국행정논집』. 24(2).

차인순(2005).『성 인지 정책: 이슈와 제도』. 서울: 푸른사상.

_____(2009). 「성인지 예산 입법과정에 관한 연구」.『여성연구』 76(1).

하연섭(2003).『제도분석 제2판』. 서울: 다산출판사.

한국개발연구원(2009). 월간『나라경제』 2009년 6월호.

한국여성경제학회(2011).『젠더와 경제학』. 서울: 경문사.

한국여성정책연구원(2008).『국제사회의 성 주류화 동향과 한국의 여성정책 전략』. 서울: 한국여성정책연구원

홍미영 · 류춘호(2013). 「성별영향분석평가제도와 성인지 예산제도의 연계성 강화」.『지방정부연구』 17(1).

Advisory Committee on Equal Opportunities for Women and Men. (2003). "Opinion on Gender Budgeting."

African Development Fund. (2013). Study on Gender- Responsive Budgets

Ahn, Namkee, and Pedro Mira. (2002). A note on the changing relationship between fertility and female employment rates in developed countries. *Journal of Population Economics* 15(4).

Alami, Nisreen. (2008). Institutionalizing Gender Responsive Budgeting: Lessons Learned from UNIFEM's Programmes. 「세계의 성인지 예산 제도화: 성과와 과제」.『한국여성정책연구원 · 한국조세연구원 공동주최 제2차 성인지 예산 국제 심포지엄 자료집』(2008.10.23.).

Bakar, Aloyah. (2014). Toward "a Culture of Openness and Inclusiveness"- The PENANG MODEL of Gender Responsive Participatory Budgeting. 「아시아 국가의 성인지예산제도 운영현황과 성과: 선도적 성평등정책의 발전경험공유(KSP)를 위한 가능성 탐색」.『국제전문가 세미나 자료집』 2013.06.20.

Bakker, I. & Elson, D. (1998). Towards Engendering Budgets. In Canadian Centre for Policy Alternatives (eds.), Alternative Federal Budget Papers. Ottawa.

_____, Isabella. (2006). Gender Budget Initiatives: Why they matter in

Canada. Technical Paper 1.

Berger, Peter L. and Thomas Luckmann. (1966). *The Social Construction of Reality: A Treatise in the Sociology of Knowledge.* New York: Anchor Books.

Botlhale. E. (2011). Gender-Responsive budgeting: the case for botswana. Development Southern Africa. 28(1).

Breda. G. and Nallari. R. (2011). Gender and Macroeconomic Policy. Worldbank.

Budlender, Debbie. (eds). (1998). *The Third Women's Budget*, Cape Town: Creda Press.

_____. (eds). (2000). The Political Economy of Women's Budgets in the South. *World Development.* 28(7).

_____. (2001). *Review of gender budget initiatives*, Community Agency for Social Enquiry.

_____ and Hewitt, G. (2002). *Gender Budgets Make More Cents: Country Studies and Good Practice.* Commonwealth Secretariat.

_____., Elson. D., Hewitt. G. and Mukhopadhyay. T. (2002). *Gender Budgets Make Cents.* Commonwealth Secretariat.

_____ and Hewitt, G. (2003). *Engendering Budgets: A Practitioner's Guide to Understanding and Implementing Gender Responsive Budgets*, Commonwealth Secretariat.

_____. (2004). *Why Should We care about Unpaid Care Work?.* UNIFEM.

_____. (2005). "Expectations versus Realities in Gender Responsive Budget Initiatives." UNRISE.

_____. (2009). *Ten-Country Overview Report Budgeting into the Aid Effectiveness Agenda.* New York.

Chakraborty, L. S., Bagchi, A. (2006). Fiscal Decentralisation and Gender Responsive Budgeting in South Africa: An Appraisal. National Institute of Public Finance and Policy.

_____. (2010). Asia-Pacific Human Development Report Background Paper Series. UNDP.

_____. (2014). Gender Responsive Budgeting, As Fiscal Innovation: Evidence from India on "Processes" - Working paper No.40 (www.nipfp.org.in).

Combaz. E. (2013). Impact of Gender-Responsive Budgeting (GSDRC Helpdesk Research Report 977). Birmingham. UK: GSDRC. University of Birmingham.

Retrieved from: http://www.gsdrc.org/docs/open/HDQ997. pdf

_____. (2014). Practical Guidance to Integrate Gender into Public Financial Management. UK: GSDRC, University of Birmingham. Retrieved from: http://www.gsdrc.org/docs/open/HDQ1095.pdf

Commonwealth of Australia. (2002). *Women's Budget Statement 2002-2003* http://www.budget.gov.au/2002-03/budget_ministerial/OSW/downloads/OSW_MS.pdf

Commonwealth Secretariat. (2005). Gender Responsive Budgets in the Commonwealth ‑ Progress and Challenges: an Overview. Provisional Agenda Item 8 FMM(05)17 at Commonwealth Finance Ministers Meeting.

_____. (2007). Gender-Responsive Budgets in the Commonwealth ‑ Progress Report: 2005-2007. Provisional Agenda Item 7 FMM(07)17 at Commonwealth Finance Ministers Meeting.

Costa. M., Sharp. R. & Elson. D. (2010). Indonesia. Gender Responsive Budgeting in the asia pacific region.

Council of Europe. (2005). Gender Budgeting ‑ Final report of the group of specialists on Gender Budgeting (EG-SGB). The Council of Europe.

Da Rocha, J. M. and Fuster, L. (2006). WHY ARE FERTILITY RATES AND FEMALE EMPLOYMENT RATIOS POSITIVELY CORRELATED ACROSS OECD COUNTRIES?. *International Economic Review* 47.

DeMaggio, Paul J. and Walter W. Powell. (1983). "The Iron Cage Revisited: Institutional Isomorphism and Collective Rationality in Organizational Fields." *American Sociological Review 48.*

Dennis, Romano. (1989). Gender and the Urban Geography of Renaissance Venice. Journal of Social History 23(2).

Dijkstra, A. Geske. (2000). *A Larger Pie Through a Fair Share? Gender Equality and Economic Performance.* Institute of Social Studies Working Paper Series No.315. The Hague: Institute of Social Studies.

_____ & Lucia C. Hanmer. (2000). "Measuring Socio-Economic Gender Inequality: *Toward an Alternative to the UNDP Gender Related Development Index."* Feminist Economics 6(2).

Eisenstein, Hester. (1990). "Femocrats, Official Feminism and the Uses of Power." in Sophie Watson ed., *Playing the State: Australian Feminist*

Interventions. Verso: New York.

Elson, Diane. (1999). Gender Budget Initiative: Background Papers, Commonwealth Secretariat.

_____. (2004). Engendering Government Budgets in the Context of Globalizations, International Feminist Journal of Politics, December 2004.

_____. (2002a). Gender Responsive budget Initiatives: Some Key Dimensions and Practical Examples, Paper written for the Gender Budget, Financing for Development. Berlin, Feb.

_____. (2002b). Integrating Gender into Government Budgets within a Context of Economic Reform, Gender Budgets Make Cents, Commonwealth Secretariat.

_____. (2011). What can gender responsive budgeting achieve?

Esim, Simel. (2000). Gender-Sensitive Budget Initiatives for Latin America and The Caribben: A Tool for Improving Accountability and Achieving Effective Policy Implementation.

_____. (2011). Gender Responsive Budgeting for Gender Equality in the Arab Region. Workshop on Gender Responsive Budgeting in the UAE.

Faerber, Christine. (2008). "Gender Budgeting and the Pursuit of Economic Gender Equality as a Cross Sectional Target", 「세계의 성인지 예산 제도화: 성과와 과제」, 『한국여성정책연구원·조세연구원 주최 제2차 성인지 예산 국제 심포지움 자료집』.

Franzway, S. Count, Dianne, Connell, R. W. (1989). *Staking a clam: feminism, bureaucracy and the state,* Sydney: Allen & Unwin.

Frey, Regina. (2008). *"Institutionalizing Gender Mainstreaming Tools in Berlin and Germany."* 『국사제사회의 성 주류화 동향과 한국 여성정책 전략』. 서울: 한국여성정책연구원.

Hewitt, Guy. (2002). "The Commonwealth Secretariat: The Role of External agencies", *Gender Budgets Make More Cents: Country Studies and Good Practice,* Commonwealth Secretariat.

Hill, Donna St. (2002). "United Kingdom: A Focus on Taxes and Benefits." Budlender, Debbie and Guy Hewitt (eds.), *Gender Budgets Make More Cents: Country Studies and Good Practice,* Commonwealth Secretariat.

Himmeweit, Susan. (1999). The UK Women's Budget Group: Trying to Make

Macroeconomic Policy more Women Friendly and Gender Aware. Paper presented at the UNDP and UNIFEM Workshop on Pro-Poor, Gender and Environment Sensitive Budgets, UNDP, New York. June 28-30.

Hsiao, C. (2003). Analysis of Panel Data (2nd ed.)., Cambridge: University Press.

Japan International Cooperation Agency (JICA). (2011). Country Gender Profile: Indonesia Final Report.

Jepperson, R. L. (1991). Institutions, institutional effects, and institutionalism. In Walter W. Powell and Paul J. Dimaggio(ed.), *The New Institutionalism in Organizational Analysis*. Chicago: University of Chicago Press.

Kaufmann, D., Kraay, A. & Mastruzzi. M. (2010). "The Worldwide Governance Indicators: Methodology and Analytical Issues." Global Economy and Development. (http://www.govindicators.org).

Kim, Y. H. & Jung, K. A. (1999). *Korean Gender Egalitarianism Scale; KGES*. Seoul: Korean Women's Development Institute.

Klasen, Stephan. (1999). *Does Gender Inequality Reduce Growth and Development? Evidence from Cross-Country Regressions*. The World Bank Development Research Group/Poverty Reduction and Economic Management Network.

Klatzer, Elisabeth. (2008). The Integration of Gender Budgeting in Performance-Based Budgeting. Public budgeting responsible to gender equality presupuestacion publica responsible conla lgualdad de genero June 9-10. 2008.

Lawrence, Thomas B. Winn, Monika I. & Jennings, P. Devereaux. (2001). The Temporal Dynamics of Institutionalization. The Academy of Management Review 26(4).

Leblebici, Huseyin., Salancik, Gerald R., Copay, Anne, & King, Tom. (1991). Institutional change and the transformation of interorganizational fields: An Organizational History of the U.S. Radio Broadcasting Industry. Administrative Science Quarterly, 36.

Lienert, Ian. & Jung, Moo-Kyung. (2004). The legal Framework for Budget Systems: An International Comparison. OECD Journal on Budgeting, 4(3).

Mandel, H&M. Semynov, "Family policies, wage structires, and gedner gap: Sources of Eamings Inequality in 20 countries", American Sociological

Review 70(6).

Mecatti, F. Crippa, F. & Patrizia. (2012). A Special gender of statistics: Roots, Development and Methodological Prospects of Gender Statistics. International Statictical Review 80(3).

Meyer, John W. & Rowan, Brian. (1977). Institutionalized Organizations: Formal Structure as Myth and Ceremony. American Journal of Sociology, 83.

Ministry of Finance Equal Opportunities Unit. (2010). Gender Responsive Budgets in Eqypt. UNIFEM.

Ministry of Women and Child Development Government of India. (2009). *Gender Budgeting Handbook for Government of India Ministries and Departments* - Gender Budgeting Experiences in India and Around the Global.

Mooth, A. A. (2013). Building the Capacity for Gender Responsive Planning and Budgeting in Egypt-towards the Improvement of Public Service Delivery. UNPSA forum BAHRAIN.

Nathanson, C. (1975). Illness and Feminine role; a theoretical review. *Social Science and Medicine*. 9.

National Commission for the Promotion of Equality Gattard House. (2009). Gender Responsive Budgeting - A Study on GRB initiatives. National Road, Blata I - Bajda HMR 9010, Malta.

OECD. (2001a). *A Gender Perspective on Budgeting*, 22nd Annual Meeting of Senior Budget Officials Paris, 21-22 May 2001.

_____. (2001b). *Gender Perspective On Budgeting* - Country Responses, Public Management Service, Public Management Committee, Prepared for the 22nd Annual Meeting of Senior Budget Officials, Paris 21-22 May 2001.

Oropeza, J. (2013). Advancing Gender Equality Through the Budget: Latin American Experiences with Gender-Responsive Budgeting. Evidence and Lessons from Latin America. (http://ella.practicalaction.org).

Oudhof, Ko. (2000). "The GDI as a Measurment Instrument on Gender Aspect of Development in the ECE Region." *Conference of European Statisticians*. Working Paper No. 4.

Oxfam G. B. (2005). Gender Responsive Budgeting in Education. Education and Gender Equality Series, Programme Insights.

Pampel, F. C. & Tanaka, K. (1986). Economic Development and Female Labor

Force Particpation: A Reconsideration. *Social Forces*. 64(3).

Phillip Selznick. (1957). Leadership in Administration: A Sociological Interpretation. Illinois: Row Peterson & Co.

Psachaopoulos, G. and Tzannatos, Z. (1989). Female Labor Force Participation: An International Perspective. *The World Bank Research Observer*. 4(2).

Quinn, Sheila. (2009). Gender Budgeting: Practical Implementation. Handbook. Directorate General of Human Rights and Legal Affairs Council of Europe.

Rake, Katherine. (2002). Gender Budgets: The Experience of the UK's Women's Budget Group. A paper prepared for the conference 'Gender Balance – Equal Finance'. Basel Switzerland.

Republic of Indonesia. (2009). Financing for Gender Equality Women's Rights (Indonesia Experiences).

Rivard. L. M. (2013). Gender Sensitive parliaments: 2. the work of legislators.

Roeder, M., Takayama, C., Fuertes, P. & Hurtado, I. (2009). Integrating Gender Responsive Budgeting into the Aid Effectiveness Agenda: Country summaries.

Rubin, M. M. and Bartle, J. R. (2005). Integration Gender into Government Budgets: A New Perspective. Public Administration Review Vol 65.

Sakkaf, N. A. (2009). "Yemen: Gender-Responsive Budgeting Needed for Women's Development." Yemen Times (http://yementimes.com).

Samuel P. Huntington. (1973). Political order in Changing Society. New Haven and London: Yale Univ. Press.

Sarraf. Feridoun. (2003). *Gender-Responsive Government budgeting*, IMF Working Paper, International Monetary Fund.

Sawer. Marian. (2002). Australia: "The mandarin approach to gender budgets." Budlender, Debbie and Guy Hewitt (eds.), *Gender Budgets Make More Cents: Country Studies and Good Practice*, Commonwealth Secretariat.

Seigelshifer, Valeria. (2013). Women and Equality: Gender-Based Analysis, Law, and Economic Rights Examining Budgets Under a Gender-Responsive Lens: The Example of Israel. QUEEN'S University feminist legal studies queen's conference.

Sharma, S. S. (2008). Gender Responsive Budgeting. Journal of Health Management 10(2).

Sharp, R. & Broomill, R. (2002). *Budgeting for Equality: The Australian Experience.* Feminist Economics. 8(1).

Sharp, R. (2003). *Budgeting for Equity: Gender Budget Initiatives within a Framework of Performance Oriented Budgeting,* New York: United Nations Development Fund for Women.

_____. (2007). Gender Responsive Budgets (GRB's) have a Place in financing Gender Equality and Women's Empowerment. UN.

Stotsky. Janet G. (2006a). *Gender Budgeting,* IMF Working Paper WP/06/232.

Strang, David. & Tuma, Nancy Brandon. (1993). Spatial and Temporal Heterogeneity in Diffusion. American Journal of Sociology, 99.

Swedish Government Office. (2014). Gender Mainstreaming Manual: A Book of practical methods from the Swedish Gender Mainstreaming Support Committee(JamStod), Swedish Government Official Reports.

Szulga, R. (2004). Female Education, Labor Force Participation Rate and Economic Growth: Explaining an Anomaly in Empirical Growth Research. Working Paper. UC Davis.

The Bureau for Gender Equality. (2006). Overview of Gender Responsive Budget Initiatives.

The World Bank. (2012). "Gender Equality and Development." World Development Report 2012.

Tolbert, Pamela S. & Zucker, Lynne G. (1983). Institutional Sources of Change in Formal Structure of Organizations: The Diffusion of Civil Service Reform, 1880-1935. Administrative Science Quarterly, 28(1).

UN OSAGI (Office of the Special Adviser on Gender Issues and Advancement of Women), 2014년 검색.

UNDP. (2004). Gender Responsive Budgeting Initiative.

UNFPA and UNIFEM. (2006a). *Gender Responsive Budgeting in Practice:* A Training Manual.

_____. (2006b). *Gender Responsive Budgeting and Women's Reproductive Rights:* A Resource Pack. UNFPA and UNIFEM.

UNIFEM. (2005). Gender Responsive Budgets: Program Results (2001-2004).

_____. (2008a). Gender Responsive Budgeting. Newletter issue 1, February.

_____. (2008b). Gender Responsive Budgeting. Newletter issue 2, March.

_____. (2009a). Gender Responsive Budgeting. Newletter issue 3, March.

_____. (2009b). UNIFEM's Work on Gender Responsive Budgeting-Overview.

_____. (2010). Gender Responsive Budgeting. Newletter issue 4, March.

UNIFEM-OECD-Nordic Council of Ministers-Belgium Government. (2001). Strengthening Economic and Financial Governance through Gender Responsive Budgeting. UNIFEM-OECD-Nordic Council of Ministers-Belgium Government High Level Conference Report, Egment Palace. Brussels 16-17 October 2001.

Villagomez, E. and Estudios, A. (2004). Gender responsive budgets: issues, good practices and policy options: Issue note on Gender Responsive Budgeting. Regional Symposium on Gender Mainstreaming in the ECE Region.

Villagomez. Elisabeth. (2004). Gender Responsive Budgets: Issues, Good Practices and Policy Options. UN.

WHO. (2009). Women and Health: Today's Evidence Tomorrow's Agenda.

Willams, J. E. & D. L. Best. (1990). *Measuring Sex Stereotypes: A Multinational Study*. London: sage.

Wooldridge, Jeffrey M. (2000). Introductory Econometrics, South-Western College Publishing.

Yamini, M., Navanita, S. (2012). Gender Responsive Budgeting in India - What has Gone Wrong. Economic & Political Weekly 17.

Zucker, Lynne G. (1977). The Role of Institutionalization in Cultural Persistence. American Sociological Review, 42(5).

여성가족부 블로그
"CSW 고위급원탁회의 토론" http://blog.daum.net/moge-family/7339
중앙일보 "사우디에서 여성으로 사는 법" 홍주희 기자. 2014.12.13.

각 국가 홈페이지.
각 국가 대사관 홈페이지.
경제협력개발기구 www.oecd.org
국제노동기구 www.ilo.org
국제통화기금 www.imf.org
대한무역투자진흥공사 www.kotra.or.kr

세계경제포럼 www.wef.org
세계은행 www.worldbank.org
유엔개발계획 www.undp.org
유엔여성 http://www.gender-budgets.org
유엔여성개발기금 www.unifem.org
한국여성정책연구원 성인지예산센터 http://gb.kwdi.re.kr

WBG(Women's Budget Group): http://www.wbg.org.uk
Women's Budget Kit: http://ofw.facs.gov.au

홍희정 ─────────────────────────

학력

이화여자대학교 졸업 (2006)

이화여자대학교 대학원 행정학 석사 (2009)

이화여자대학교 대학원 행정학 박사 (2015)

주요경력

스칸디나비아 정책연구소 방문연구원 (스웨덴, 2013)

스칸디나비아 정책연구소 연구이사 (2015)

서울성별영향분석평가센터 전문가 컨설턴트 (2015)

이화여자대학교 이화사회과학원 연구원 (2015)

성인지 예산 제도화와
양성평등

초판인쇄 2015년 7월 10일
초판발행 2015년 7월 10일

지은이 홍희정
펴낸이 채종준
펴낸곳 한국학술정보㈜
주소 경기도 파주시 회동길 230(문발동)
전화 031) 908-3181(대표)
팩스 031) 908-3189
홈페이지 http://ebook.kstudy.com
전자우편 출판사업부 publish@kstudy.com
등록 제일산-115호(2000. 6. 19)

ISBN 978-89-268-7008-2 93330